U0129160

失學孤兒闖博士

杜松柏著

傳記叢刊

文史哲出版社印行

國家圖書館出版品預行編目資料

失學孤兒闖博士 / 杜松柏著. -- 初版. -- 臺北市：文史哲, 民 102.05
頁： 公分.（傳記叢刊；13）
ISBN 978-956-314-115-0（平裝）

1. 杜松柏 2.臺灣傳記

783.3886 102009980

傳記叢刊 13

失學孤兒闖博士

著者：杜松柏
出版者：文史哲出版社
http://www.lapen.com.tw
登記證字號：行政院新聞局版臺業字五三三七號
發行人：彭正雄
發行所：文史哲出版社
印刷者：文史哲出版社
臺北市羅斯福路一段七十二巷四號
郵政劃撥帳號：一六一八〇一七五
電話886-2-23511028 · 傳真886-2-23965656

實價新臺幣三二〇元

中華民國一〇二年（2013）五月初版

著財權所有 · 侵權者必究

ISBN 978-956-314-115-0 78813

紀念母親

失學孤兒闖博士

目次

代序：百年大風暴釀兩岸大災禍

民國成立迄今，百年之間，國家由於內憂外患及時代劇變，釀成如排山倒海的大風暴，所掀起的風浪，造刼成災，如土石流、勝大惡水，肆凶暴於每寸土地，災難及於所有的人民、外敵、軍閥、流寇、及直接間接形成的殺伐、掠奪等禍亂，雖有短暫的平靜，雖有時僅及於某一地域，如颱風眼、如氣壓間的環流；但必急速旋轉成漩渦，逞暴施威，逼使多少人流亡、流浪；多少人喪生失命；尤其八年抗戰，繼以國共內鬥，在政權交替後，卻被清算鬥死、病死、餓死的，合計遭刼而死的應以億計，血海屍山，陷身水火，傷痛呻吟者更不知其數。如果不是地大物博人口眾多，必已亡國滅種，國家消失於地球之上，而走入歷史的灰燼中。

百年一瞬之後，未死的炎黃子孫，對崛起的政權，我們能不追溯這「大風暴」

的何以形成，何以漩轉不停的原因嗎？「前事不忘，後事之師」；我們能不申討譴責那國賊、民賊、獨夫、暴君嗎？千千萬萬人頭落地，千千萬萬陷身水深火熱中，未經審判，不具罪證，便掃地出門，生命財產不保，能不控訴以顯見其爲民族罪人、同胞妖孽嗎？更有重中之中的，我們要「通古今之變」，找出這災難的源頭，而形成大風暴的最大因素。不能粗枝大葉地歸納爲「內憂外患」和「天災人禍」；因爲這二者無代無之，甚至無時無之。例如以對岸的「文化大革命」爲例，要由毛澤東一人負責嗎？必然要問：是誰讓他有如此大的權力？因爲是「中共」的黨中央和出席的全體黨代表們一致通過的，何以無反對者？舉國何以接受？任其推行無阻？監督和反抗的力量在那裡？爲何全民都成「順民」？其「破四舊」如烈火焚城，人人更成了幫凶，難道不知祠堂、廟宇、古書、古物是文物嗎？風俗、習慣、節日等是重要傳承嗎？人格、人權、尊嚴不能剝奪嗎？再以台灣的「二二八事件」而言，如果台灣不曾分割予日本帝國主義，便沒有因抗戰而回歸的情況，則此慘案根本不會發生；「國」「共」兩黨不內鬥，沒有對岸的地下活動及破壞，亦不致釀成大慘案；執法的人員，如有「懷柔」、「疏解」的方法，便止於小風波了。可見近百年的「大風暴」，以至流爲「小風潮」，其來有自，而因果極錯綜複雜，但政黨及掌權人豈能不負責任？民眾任其蠱惑、驅使，亦有自作自受的過失。

在這一百年間，以斷代爲史的觀念，尤應追溯到清朝的諸多因素，但清末之際，外人的砲利船堅，多國多方的進攻進逼；清廷的昧於形勢，肆應無方、抵抗無力、割地賠款致民窮財盡等，均有直接間接的巨大影響，而且潛存了形成大風暴的大因素，正如高、低氣壓之終成爲颱風。而大風暴所產生的大災大難，最主要而明白可見的，是「國」「共」兩黨的內鬥和導致的兵戎相見的戰爭，追究原由，要上溯俄國革命和其組成「共產國際」；中共組黨，國民黨的「聯俄容共」及「國」「共」的分裂，日本侵華、「西安事變」、「雅爾達密約」、美俄介入「國」「共」之爭，可歸之於「外力」等大因素；小至共黨內部的「整肅」，如果「毛」在「遵義會議」中被鬥倒了，劉少奇不造「毛」成神，林彪奪權成功等等，則「大風暴」的消歇等變化，會大爲不同。以國民黨而論，「寧漢分裂」、「裁軍會議」失敗，「中原會戰」的結果，「八年抗戰」的損傷，東北戰場戰役等的失敗，「徐蚌會戰」的失利，如果戰勝了，則流亡、流浪等也許不會發生，國民政府不會撤退來台灣，不但「二二八事件」絕不會發生，「台灣經驗」、「台灣奇蹟」想必亦不大可能出現。國民黨何以大挫敗？其黨的組織、內部的分裂、重要人物的作爲、甚至蔣介石的領導和個性等等，沒有關係嗎？直如千絲萬縷，難以追尋，但又不能不追明究竟，故而僅能棄小取大而證明其歷史的過失。

個人認爲「大風暴」的總源頭，是中國人共同積累而作爲的「共業」所致，「共業」即共同作爲所成的「業力」，招致了「大風暴」的形成，產生了大災難，表現在戰爭、鬥爭等的喪生失命，以致流亡、流浪等方方面面上。所謂「共業」大多是民族歷史、文化方面的，如崇拜權位、權威，俯首聽命；如傲慢虛假，無視法紀規範；如封建君王、族長家主，可以逼人至死而反抗無力；如只顧家庭家族及個人的存在與發展；如重私益、私德，而輕公利公德，不能有整體的團結；如只重個人的努力奮鬥，而不重集體的作爲及成就，有如林語堂所說：

今日中國政象之混亂，全在我老大帝國國民癖氣太重所致，若隨性、如奴性、若敷衍、若安命、若中庸、若識時務、若無思想、若無狂熱。（見《林語堂散文

集—給玄同先生的信》）

「癖氣」一辭，非指一人，乃全體國人之習性，或全民族之民族性，實即「共業」的主因；但所謂「無思想」，非無思想，乃偏邪迷狂；無狂熱，非無狂熱，乃爭名奪利，不死不休。「中國不亡，是無天理」，雖激憤而過當，但百年之間的「大風暴」，即因此民族性、國民性爲根本而激成。蓋有了上述的積習，掩蓋了極多數人的理性，不能顯見他國及其他民族之長，而自大自滿，缺乏改進與創新；在共同而又長久的無理性的作爲下，遂成爲「共業」，這種「業力」招致了惡果，加上了執政的政黨，掌大權的首領，恣肆其私慾私利，而又以絕對的權勢，絕對的腐化，便引發了政治的偏失，成爲大風暴、大災難。

此百年間，隨此「風橫而暴」，無人不受影響，而以民國二十年代中出生者，適逢成長之期，如失去了家庭的庇護所，而又只有逃命之一途，便陷入流亡流浪之中，生命脆弱如嫩草枯藤，不但任人踐踏，隨時可喪生失命。我正是此一期間出生成長之一員，在「清算鬥爭」之風暴中，孤身流亡，長久流浪，無依無靠。在流亡流浪的過程，衡量面臨的生存生活的環境背景，是成流氓的成份多，得博士的可能性幾爲零，憶述那求衣求食時的艱難險阻，竟能履險如夷，起了諸多的「後怕」；在工作無機會，衣食無著落，含淚乞求工作，忍痛茹苦以得食衣，有如切膚的「後痛」，絕望中往往有機會的到來，不待伸手而得援救，有意外的「後喜」；有了很多的巧遇，蒙恩受惠，那改變我命運的貴人、恩人，興起了至今不能忘，而長久地銘感的「後謝」；有當時的誤會，不知懷恩補報的「後悔」，這一「後」字，這回憶中複雜心境的多方說明，命筆時掀起了諸多傷感，真如滲入珍珠蚌內的沙粒，幾全是哀感而層層包覆而成。撰此文時，沉埋記憶中的大小往事，又一一復甦，情不能禁矣。文中的控訴，不只是個人和家族的冤情與悲憤，更是千千萬萬的中國人，同聲哽咽，一體悲怒。饒不了那罪魁禍首和無悔意的政黨黨徒。縱然要不回公道，但要呈現歷史的真相，指出諸多人物的魔性和罪孽，而爲「千夫所指」無所逃遁；任何巧言虛詞不能掩飾。在千千萬萬的流亡群中，個人的得博士學位，雖有諸多傳奇性，乃離家失學孤兒九死一生的僥倖。

一、引言 得博士時的喜悲

民國六十五年八月間，我獲得國家授文學博士，也是我以少尉軍官偕八吋自走巨砲，由台灣登上金門，參加八二三砲戰獲勝的十七週年；其時博士是稀有族類，翌日中央日報以專欄的版面作了報導，介紹了論文，也涉及我由戰場而文場各有表現的傳奇性。其時博士乃天之驕子，比之於唐宋的進士及第，將來宦途未必有宰相、尚書、侍郎等高官，有唾手可得之勢，但可有坐獲大專院校禮聘教席的尊崇。絕無近年某大學公開徵一副教授，而有九十九名博士應徵的場景。

我畢業於台灣師範大學國文研究所博士班，在同年的七月間，已以《禪學與唐宋詩學》，約四十萬字的論文，全票通過論文的口試，而再由教育部聘請論文審試委員重新面試，實如法院同一案件，再上訴而二審定讞。教育部的口考場面甚爲驚人，由台大的臺靜農教授擔任主席，政大王夢鷗先生、巴壺天老師等七人，高坐兩側，而我面對主席，就論文內外所提的質問作答，過程和平而受讚許，某委員認爲應授文學博士外，更應加授禪學博士，並得最精禪學巴壺天先生之贊成。其實論文通過是必然的，部聘委員與校聘相重複的達三分之二，教育部主事執行人私下相告，乃專家學者難求之故。其後我的學位證書爲一七七號，係毛筆特別繕寫，發證人爲教育部蔣彥士，而無畢業學校及所系之名，其稱爲國家授文學博士，其緣由如此，亦即其時僅有一七七位文學博士而已。

通過論文口考回家，妻已赴校上課，二十多坪在永和小巷租寓的二樓，空寂之極，四年的書燈，奔忙於台大、師大、中央圖書館、南港中研院圖書館等搜收資料，和一年左右的撰寫、投入，至不接電話，至息交絕遊的地步，現在有放下而有收獲的喜悅，最多的是勞倦，毫無走馬看盡長安花的意氣；時秋暑蒸人，躺在清涼的地板上，耳畔似仍響著口試時的問題，忽然電話響起，恩師華仲麐的道賀你順利得學位了，我特別高興，以你孤身的流亡流浪，僅讀過初中一年級，理應只能當工人、流氓，卻成了博士，當然可喜可賀。

知我的恩師，簡短帶有貴州口音的嘉許，令我心悸、心酸，我于役軍中，以上尉考上高考而軍職外調退役，決然不會成流氓。但流亡流浪至香港九龍，再渡海來台灣，伶仃孤苦，諸多的磨難，無衣無食，常在饑寒的生活中掙扎，此時如搗心肺，淚水奪眶滴落；透過窗間的狹仄藍天，故鄉湖南衡山，僻壤出生之地的家山「杜家灣」何在？祖父、祖母死於清算鬥爭；危艱難之際，嚴命我離家逃命的母親，已在人民公社裡患水腫病而辭世，父親以國特的諜報罪嫌，不知在何地勞改，二位妹妹傳聞已結婚生子，均散離祖宅，此際飄泊何處？雖有佳音無由相告，而在學位取得的瞬間，家人恍惚的身影，家山生存生活中的片段回憶，齊上心頭，在驀然放鬆之後，而纏捆益緊，思憶最切。

我由十四歲開始流亡流浪，僅以求學的經過而言，即開始失學，在二十九歲方跨入大學的高門檻，又是私立大學的夜間部，此前是則斷斷續續的自學和不銜接的軍事學科訓練，此時獲得學位，已四十一歲，比之循序成長的才俊，他們如雲中天馬，在快樂中成長，我則蝸牛爬牆阻礙重重。但此刻也多了傲然挺立，與我名字相合「松柏不凋於歲寒的自負。」但放眼周遭，大約同時段，經由不同險途渠道，自關外東北的白山黑水，迄川黔雲貴康藏等地，爲爭生存、自由，流亡來台灣，拾似東晉的永嘉南奔，各地域、各民族，在台灣形成大融合，爲此「海外扶餘」的一隅之地，加入了新血輪，注入新活力，形成多種開創和崛起。無論是政府官員、國軍將士，均以不同的理念，在台澎金馬奮鬥；並隨兩岸及國際情勢的消長變化，而有各種的作爲，最明顯是在自由及制度之下，各自圓夢，各創個人奇蹟，合而成台灣奇蹟，皆見證參與了台灣奇蹟的締造。

我得博士時，甚有自功自誇之意；後與父親在香港這父子失散之地，而歷驗生死兩茫茫竟得重逢時，方知道若仍在故鄉，僅能是黑五類的工人，最多能上高中，我能有上大學和圓博士學位之夢嗎？

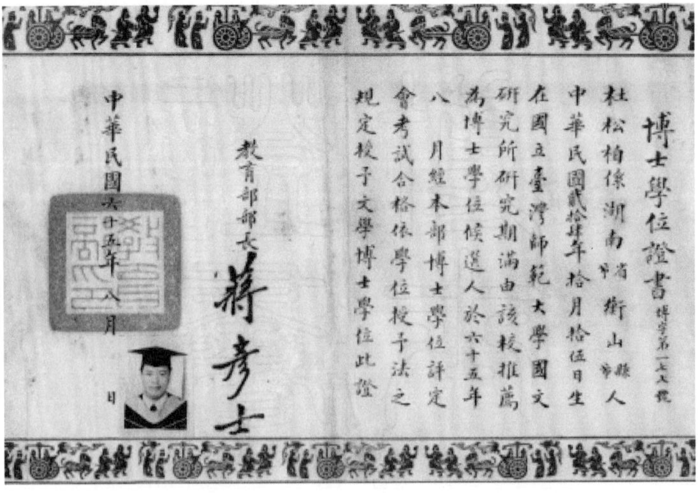

圖一：大異各大學所授的博士學位證書

二、風暴前的僻壤童年

我出生的農村，雖非窮鄉實係僻壤，祖先遷徙定居於此已多年，世代恬淡安然過著日出而作，日入而息，耕作而食的典型農家生活。我體會了四時園圃有蔬，水塘有魚蝦螺蚌，田疇禾豆有一年兩收的豐盈。但我出生的民國二十四年（西元一九三五年），和此前的三十年代，全中國便進入外力內憂所掀起的強烈風暴之中和掀起無休止的腥風血雨裡；先是重洋遠隔的歐風美雨，以炮利船堅作挾持的入侵，逼訂了不平等條約、割地賠款、八國聯軍、更火燒圓明園，是中國人的最痛；繼而蘇俄、日本在東北的掀風作浪，大多來自海洋的「風橫雨驟」，最受劫難的是沿海地區及各大城市，尤以政治、經濟中心影響巨大。我出生之地的湖南衡山堡霞鄉的杜家灣，卻多年如在「颱風眼」、或似風雨環流之久外，僅偶有「風吹草動」傳來的訊息。可是我生十四年之後，竟暴雨狂風猛吹大掀，粉碎了父親屢屢自豪的田園美夢：

這輩子辣椒炒乾魚，夠吃了、吃定了（乾魚是我家鄉類似湖南臘肉的烟熏雜魚，風味獨特）。

但完全夢碎了，無原無故，失去了田莊、家人、家產，覆巢之下父親和我，成了驚弓之鳥的大逃亡中之一員。沒有作姦犯科，一無法律判決，便失去了財產生命，以及家人的任何權益保障。這是中外歷史上古今所無的人禍，全國無一地例外，只有苛嚴程度和來臨先後，稍有差別而已。

此一暴雨的釀成，起於俄國，而馬克思、恩格斯、列寧的共產主義，帶來中國的組黨革命，建立政權和國際共產組織，乃始作俑者。究其本源，乃人類社會演進，由文化、思想、學術、科技、經濟、政治等等，複雜的演進演變所形成所導致，而有第二次世界大戰同盟和軸心國的決戰；其後資本主義的自由集團，共產主義的極權組織的鬥爭，乃表面化而已。但所掀起的腥風血雨，籠罩全球，而以我國受害為甚。可以證明的，是刼後作痛切反省的一本書——蔣介石先生的《蘇俄在中國》，僅作了政治層面的檢討而欠深切。也是我的流亡流浪，草此《失學孤兒成博士》的根本原因。不然我只是「臣本布衣，躬耕於南陽」，應是杜家灣躬耕的快樂農人。

(一) 杜家灣的田塘

「我祖南遷五百年。」父親常常叨念，祖先神位上的「寶田堂」、「寶田世澤」，顯示了遷徙所自；祖父六十六壽高懸在大廳的「南陽世第」匾額，引發過我的叩問；原來河南南陽的寶田縣，是南遷之前的祖籍，可以確知是最早的列祖列宗之根源地。然後移江西，再由湖北而湖南，其間的一小支，便紥根在此杜家灣。但「杜家灣」其後卻成了被鬥罪名之一，因爲「獨霸」而忽視了其他尹顏等姓的存在，實際上他們不會忘記這地方是杜氏祖先最早所開建。

這座小型農莊的式樣，應是千百年間民族大遷移典型築造之一，按照遠祖房舍和農耕傳承的生活需求，累積的經驗，實際上加入了自然地理的適應，有牛欄、豬舍、晒穀場、毛房、灶口；正廳寬敞有祖先神位和貢桌，兩旁是廂房，包括了臥室多間、餐廳、可作書房、儲藏室等，左右兩廂各成生活區；隨著人字型屋領排水的需要，設多處天井，有暗溝可通屋外而洩積水；來台之後，察看年代久遠的此地農莊，彷彿回到了杜家灣，是建築物群的極爲形似之故；而且無望樓、堡壘、圍牆，可能係莊宅不大，或認爲已沒有刧搶而防範的必要。

杜家灣是農莊，雖然在我的鄉縣之中，隨處可見，但最有地形上的特色，可謂負山帶河，山是不高的小山，開建不久，沒有年遠巨高的林木，但山坡一帶，有先祖的墓園，石碑羅列，石圍護繞，且無其他姓氏的葬墓；山有菌類、野果，蜿蜒如帶的小河，左端靠近山邊，右端與右側的山丘遠隔里餘，環抱了杜家灣；其間有良田百畝以上，依河有沖激而成的小沙洲，最愛河水流至此緩行成灣成洲，有魚蝦蚌貝，是放牧及嬉水的兒裡天然遊樂場；良田幾全是我家的祖產，供水灌溉飲用的四周水塘，約有十口之多，自然生長的有魚螺等等；依山沙地可種西瓜、花生、地瓜等作物；全村有五戶，每家都有頗大的菜園，四時菜蔬供應，最大宗的是辣椒；依山抱屋不能種作農產的隙地環以綠竹，雜栽著梅、桃、李、棗等。春天的花香鳥啼，夏天的瓜棚涼風，秋時的穗荷搖風，冬夜的圍爐煮雪蔬，享有恬淡有味的自足無求之諸多的回味和安慰。在無衣無食而無任何生活依恃之際，故鄉不知在茫茫雲山中的何處，湧起的是絕望和空留憶念，而且是流亡流浪者，無論老少所同悲，而我最爲孤獨辛酸而已。

（二）土財主的祖父

杜家灣杜姓這一小支，人丁不旺，祖父以前世代單傳，至祖父杜桂林，祖母蔣氏，方有伯父杜燦雲，父親杜仲芳的二條苗裔。不知何種淵源？伯父能走出僻壤閉塞杜家灣，遠入廣東的黃埔軍校第五期步兵科，在我出生的同一年，內戰中以連長殉職，生有大我十歲堂哥杜勛奇。在我有記事之年起，一家便分爲三戶，各自獨立生活。

對祖父有微弱的記憶，是他身材頗高大，罕有笑語，傳說年輕時乃耕作的好手，繼承了祖產，晚年更田產大增，數十里內的良田大畝，出賣者多會先找祖父，無疑是小小地方的財主、地主，我依稀記得當時聽過的流言：

哼！大財主，有什麼了不起，靠死去的兒子才發的。

以後才明瞭伯父殉職的撫卹錢，是買進田地的大助力。

不可諱言祖父是土財主，而且在每年農村舊穀將盡，新穀未收之際，應佃戶等人的需求，五月前後，借出一石穀，八月秋收，取回一石一斗，也是當時農村十一之利的慣例，是祖父收田租以外的利潤，也坐實了地主的罪名。

祖母蔣氏，我曉事之時，已知其失明，但憑一根竹杖，在庭戶之內，穿行生活而無障礙。

一九五〇年之際，中共政權取代了大陸中華民國的統治地位，捲起了腥風血雨「清算鬥爭」的大風浪，打倒地主、打倒土豪、打倒惡霸，捲入了所有的農村；祖父是地主？還是富農？自引發了一些小爭議，但認爲總是剝削階級，而無疑地是地主一類，幾經鬥爭、公審，堂哥成了陪審，孫輩無論男女，成了黑五類，即使臉後成了勞工，也不能改變這一原罪。

祖父被鬥、被審、被辱罵、被吐口水、被毆打的下場，仍不免一死，陳屍塘邊；一位好心赤貧的佃戶婦人，不怕戴帽子、加罪名，以鐵抓拖著遺體，裸葬在村傍的山坳裡。祖母上吊相隨，伯母投灌園的水塘而死，堂哥風暴之後，有了「平反」，因爲唸過英文，成了以後的英文老師，堂哥曾力加拒絕，但因他有至少學過英文的理由，不能不接受。

土財主，害死了祖父，殃及全家族。但有過起訴嗎？有過辯護嗎？有過宣判嗎？土地和家族的任何財物，有過依法沒收的法律宣判嗎？各省各地的地主、富農，命運相同難逃同一刼難。取得政權的政黨和掌權者，僅視此同茶壺內的風暴，且不承認、不負擔掀 風作浪的責任。我的流亡流浪，成了風浪中的漏網之魚。同此流亡流浪的，不知凡幾，在流亡流浪中失命和沉淪的，更不知凡幾；杜家灣還在嗎？在而我能回去住嗎？「彼蒼者天，曷其有極」！鬥爭祖父的佃戶和左鄰右舍，能申罪致討嗎？田地成了誰的財物？能問是如何取得的嗎？祖父和諸多被鬥死的，大多是死在財主、地主的名稱上，財富是罪過嗎？又是子孫的原罪。有一位助人行善的，竟以「善霸」被鬥死，以後平反了，但以千萬計的被奪命的冤死能挽回嗎？只能比之於大風暴的天災，實際上是人禍，唯一的原因是其黨內慣用的鬥爭，愚弄蠱惑群眾所造成。所有的「三反五反」的鬥爭慘狀，罕有照相圖片流傳，但有一張對岸黨人自鬥的圖片，可見一斑，顯見是其傳統。

（三）家暴性的父親

我家分家三戶，均分有祖田，生活在偏僻的杜家灣，但因伯父和父親的原故，二人走出了杜家灣，因而我和堂哥也非當時單純的農耕子弟，雖然仍住在此鄉間，但至少接觸相當多的外界空間及事物，而最受影響的是見聞的擴大，以堂哥為例，他在衡陽上高中，愛上了標槍和籃球，回鄉之後，竟然在頗大的晒穀場上，架上了籃球，帶回了農村人所未見的打氣皮球，衣著已是學生裝；尤其父親成了家中權威之後，在根本上完全不似左鄰右舍的閉塞，而又起了啓蒙般的突破作用和影響。

就受私塾教育的結果而言，父親似乎天才挺出，文章詩詞、大楷小字、辭令應對，有特別的表現，其感受到時代的變化，如他誇示的春聯：

身從新世界

志守舊家風

新世界是什麼？我未能探問，所指的應是君王專制的破滅，民主社會的肇建吧；父親有了實際的投入，在伯父殉職之後挺身而出，成了家族的樑柱，在我曉事之年，知道他擔任過我鄉「國民中心小學」的總務主任、「粵漢鐵路局」所設「扶輪中學」的總務主任，我就住在其所分配的宿舍裡，但他常不見人影；出任過我鄉的鄉長，有槍兵隨行，騎著鄉間罕見的大馬回家；似乎加入了國民黨，因此捲入了政治風暴之中。現在我有觀察的能力，特別在民國成立後約四十年代，作要點回顧和檢討；就新式學校設立而言，幾乎全設在大祠堂、大寺廟之中，操場、教室、師生宿舍，只能就地取用和改進，可以說全無現在建校的硬體；僅有極少數受過師範教育的師資，教職員大部份係私塾出身者所擔任；沒有統一的課本，大概任由教課老師自由編發吧！有管理學生的詳細條款嗎？有教育經費的預算嗎？有教職員的聘任和管理考核等辦法嗎？似都在摸著石頭過河——看著辦、試試看。由此上溯地方政府、中央政府，應是大概均不出此模式。所以父親的擔任總務，全然缺乏這事務經驗，也未兢兢職守，辦理如現在的請款、採購、報銷、審核等等的程序，當然我不能瞭當時事務處理的實際，但依父親的經常不在校，而未有任何失職、糾紛等問題，可以推知學校管理的缺失程度了，而且是各地方、各層級的辦事情況，大多如此。只是應無貪腐問題，大多無財的可貪，公私學校的校長和職員，很大的任務是學校財務的籌措，而不是支用報銷。父親如此疏於職守，方無失職誤事等等，才合情理。

回顧這時段中的大變動，我國的未能立即去腐去新，浴火奮起，後來有諸有趣而深切的檢討：如「舊瓶裝新酒」，可是其時有自釀的新酒嗎？正如沒有得到新的造酒方法，又缺葡萄、橡木桶、決無釀制威士忌、白蘭地酒的可能；又比擬成裹脚放大，是半新半舊，不是新也不是舊的畸形。多認爲切近事實，但是被裹的脚爲何？裹脚及方法等是什麼？便難有實際的答案，只顯出了蛻變的失敗和殘缺；較刻薄一些的，比之如得了梅毒的母親，但梅毒的「病原」從何而來？如鴉片烟、化學毒品，不是外來的嗎？其間的割地賠款，不平等條約，中國在體質上已抗拒不了這等病毒，更未發現如盤尼西林等好藥方，而重大又較形而上的是「中學爲體、西學爲用」，和「全盤西化」的大爭論，餘波及於現在。以後日本的現代化、台灣現代化的成功，證明中學或文化的本體，不是腐敗或焦芽壞死的種子。如果仔細而公正的思考，其實傑出知識份子的表現，已可證明而得結論，如蔡元培（北大校長）、張謇（南通實業家）、胡子靜（湖明德中學長）等，在教育和實用上的表現，中學和中國文化的優良本質，不是他們致用的體嗎？而見到了大用繁興的實際。所以這大時代、新世界的蛻變不成功，當然因素極多，但最根本的傷害，是國共兩黨所掀起的內鬥內戰。中共取得了大陸的統治，其政權的代表「中華人民共和國」加入了聯合國，在世界中崛起，而成王敗寇取得了這這蛻變時代的大話語權，如抗日戰爭是中共領導下而達成的，諸多的歷史事證，不用辯論而顯示了其自大自誇的謊言；純以腥風血雨的風暴而言，共黨整肅下而死的共產黨員，遠遠超過了國民黨的拘禁和殺害，又多是其菁英，而且不論是功臣或功狗；三面紅旗政治指標下，加上人禍爲本的天災，餓死了三千萬左右（一說四千五百萬、一說七千萬），鋪天蓋地的「文化大革命」，傷害了約七千萬人；天安門的屠殺和迫害，是其統治教育下的菁英子弟，迄今尚未認賬。撫此傷慟而回顧，只能說：暴政呀暴政！殘酷呀殘酷！

以上是父親所謂的新世界種種的蛻變，和形成時代的大風暴及其延伸的又如此長久。父親的惡霸、土豪、國特等罪名，如不出走，鐵定是一死字；母親在人民公社中，死於水腫，實際是餓死的！

以上是不能控訴的控訴，因爲不止於僻壤杜家灣這一家族，而是千千萬萬的家族和家人，共同的遭遇。顯然中共黨中央對被整肅下放等的菁英，作過政治地位、名譽等方面的平反，但對於枉死的黨員如彭德懷及無數鬥死、被迫的同志，有過道歉或補過等救贖嗎？其黨與黨徒更無顏面出作任何的控訴了。我要站在大時代的暴風雨方面，作不平之鳴，代替作不能控訴的控訴，而且知道這方面的任何控訴，不會被理會，只是徒然和無奈。但不能沒有記錄，以補歷史的缺失。其總原因只能歸之於中國人所造的共業而不能避免，只能共同接受吧！也不能全歸於毛澤東，因爲是誰讓他如此有權位的；也許不能全然責求於中共黨團，因爲是誰讓其崛起而得政權，又毫不受監督的？正如孟子所說：天視自我民視等等，我們的「民視」何在？

最特別的是台灣，「馬關條約」割讓給日本，似乎脫離了暴風圈，其實不然，乃暴風雨的頭陣風，日本更是風暴的製造者，因侵略我國而掀起的抗日戰爭，剝奪了多少人命？損失了多少財物？戕害了多少國力？應是無可消解的世仇。其統台灣所引起反抗而被鎮壓，皇民化之下，台灣民眾的低下地位，如慰安婦等，乃是小焉者；即台灣回歸後的二二八事件，兩岸對峙的戰爭，如果台灣不曾有割讓給日本這根本原因，會發生嗎？兩岸因而分裂，台灣因海上地位的重要，是世界強國爭奪拉扯的戰略目標，美國所謂的「台灣關係法」，日本美國若隱若現的勾結，兩岸的領導人，若處理不善，便有戰爭的危機，而可能再陷入腥風血雨之中，故而風暴仍潛在。

總之，這一場大風暴，長久地在延續，影響了全中國的各地，以至所有人的命運和作爲，杜家灣僻壞中我這一家族，何能例行？以上簡略的分析，決非言過其實，誠如古諺所云：「牽一髮而動全身」，我的流亡流浪而得博士，乃是大風暴時絕望中的奮鬥，逆流而上的衝拼。

父親給我的影響和深刻的總印象，依現在家庭問題的分題，是家暴性的典型。曾因一件他心煩的小事咬牙切齒，對我那當胸的一腳，傷痛消失之後，至今回憶餘悸仍存，當時倒在地上似乎暈了，感到母親的眼淚和驚嚇，無奈無助；父親曾嚴厲緊迫要求我「背溫書」，更是恐怖的惡夢，將逾年讀了背過的古文、四書，從頭溫讀背誦，如論語前後不相連的條文，孟子中的「離婁、告子、打個要死」，那難背的篇目，背時不爛熟、不流暢，便罰跪在地上溫讀，一任眼淚模糊，雙腳酸痛，仍要喃喃誦讀；有一次以端午節命題作文，要求寫五千字的文言文，我似乎掏心剖腦，湊成了不足二千字，父親似有色喜而「過關」；幸而父親常年多時在外，這家暴的管教才偶然如此，而非經常如此。但我仍然感激，參加高考文書組的考試時，國文題是「孔門四教，以文爲首，孔門四科，以文爲末，試伸其說。」傳說當時司法人員的考生中，有的當場落淚，因爲國文不及格便死當；輿論更譁然，評論是中文研究所專書考試的命題；而我在三小時的作文，僅一小時三十分左右成文，得到八十分的成績，因而題名上榜，應歸功於這一魔鬼式的要求吧！

父親交遊甚廣，在國共政局如豬羊變色後，各地均有清算鬥爭，當快接近杜家灣時，父親雖蟄居在家，但仍知道了相關的訊息，又與祖父定爲了地主、惡霸、國特等，可以任其套上，只有逃亡是唯一的活路。匆忙地經母親籌借九塊銀元（俗稱袁大頭），孤身南走，不敢乘火車，夜間沿湘水支流趕路到衡陽，在湘江岸側行吟，有了淒然的詩句：

多情最是江邊月，

追逐浮雲送我行。

父子在九龍逃亡後短暫相逢時，特向我講述，頗以有含蘊而自豪之意，而我只有苦笑聆聽。

當時不敢追問，父子既在流亡中重逢，何以他又決定再回廣州，因在經深圳關卡入境時，查出帶有逃亡香港鄉友的一封家書，大概書中對流亡和家事等囑咐，辭句隱晦，便確定了國特的罪名，判處無期徒刑，在他也不能確知地名之處，受勞動改造，途經家鄉的鐵路車站，與母親見了一面。清算鬥爭平息之後，並未釋放。知情的同鄉長輩，認爲他因此而保住了性命，如果不判罪而押回家鄉受鬥受審，在當時便是絕對性的一死字。父親又以其秀美的書法，成了勞改場中免費的文書人員，自認未受太多的折磨，而又廣知了諸多難友的相同情況。

大約三十餘年之後，對岸因鄧小平復出掌權，改採改革開放，但他曾是被整肅中的一員，在鬥爭三起三落，我見過人民日報刊登他胸口前「正在走著的走資派」字樣的照片，推已及人，故而平反吧；掌權方赦出無數的難友，但父親尚未入列寬免。這長久的家人訊息隔絕，甚至不敢向海外，向他人探問，因爲其時有海外關係而被舉發，便是大罪名，「田園聊落干戈後，骨肉流離道路中」，仍不能詠出這千千萬萬流亡逃命者的悲慘。在改革開放以前，母親和妹妹相信我仍活在天地之間，卻不知在何方所，而且相告誡，不能向他人透露詢問；父親知道我流浪在九龍，卻不知道如何在掙扎？如何求存活。

（四）萬能手的母親

我對母親有諸多的懷念和感佩，除養育之恩外，有多處是我命運的改變者，而且在對我的流亡有巨大而直接的影響，於博士論文，亦有間接的萌芽和促成作用。

母親袁氏，與左鄰右舍的同代婦女最大的不同，是知書達禮，聰慧能幹；在與祖母、伯母相比較的外型上，最特別的已是天足，祖母裹小腳，不曾改變；伯母小腳放大，三人顯出了時代蛻變後的代溝。我家和附近的鄉人，無不欽佩母親，是那雙萬能的手，自縫補衣服、製布鞋布襪、繡花等等，無不精巧合用；庖廚飯菜，有美食家的水準，被款待的戚友，無不舌齒留香，大加誇讚，而食材全是農村產物；母親雖未下田把犁鋤，但種蔬灌園，選菜穀瓜類的種，掌握了栽植的時間，能四季日日菜蔬不缺；又自出新招，配合瓜蔬成長時間的不同，而同時交叉配合，如在辣椒行間，栽種空心菜，空心菜漸漸登場，開花結子不能食用，便是辣椒成熟之時；而且利用沙土混合，培出黃豆芽、綠豆芽；令我記憶不忘的，是自製臘肉！臘魚、風肉、風雞、豆腐乳、霉豆，有的要經過適當的發酵過程，寒凍嚴重時，需用棉絮之類，保溫加熱，不使發酵失敗；又視食用的時間長短，加入甜酒或燒酒，作爲主要的「浸淹物」的作料，以大茴、辣椒等作佐料、豆腐乳等食用將盡，則投入晒好的蘿卜、白菜梗、辣椒等浸泡，可以由冬季用至隔年的春夏，那呈現的色香味，我遍嚐了台灣、日本的醃漬物，風味完全比不上。母親更能釀甜酒，釀造蒸餾的烈酒——「燒酒」，那是繁複已如現代高梁酒的造法，只是未用高梁作酒材而已；至於應時節做粽子、年糕、糍吧等，便似隨手拈來了！這是我記憶中母親萬能手的種種。

分家之後，父母常年在外，全家仍過著農耕的生活，其實父親薪資已經超過月入五十枚銀元，足以養家活口，母親未隨之至都市，父親更未寄錢回家。母親帶領長工和依農忙時種秧、收割而雇的臨時工，種耕由祖父處所分得的農田，而更顯出了母親的才慧，簡單地說：欄中有豬，塘中有魚，耕種有稻豆，大顆的是割收稻穗後種下的黃豆，小顆的是水稻將成熟時撒種發芽成長的「泥豆」，又視田埂的寬仄、種著毛豆、綠豆，也許有祖父的指導，但母親處理統籌得當，在我隨母親生活的農村之中，未見與之有關的任何錯失和糾紛。父親的「志守舊家風」，那勤勞刻苦節儉的家風，似乎只有母親在守著。我兒時能記憶的一件小事，那天父親自己要煎魚做菜，茶油下鍋後，魚燒焦、油黑，他撒手而走；母親眼閃怒火，但仍強顏歡笑，待父親離開廚房，對我甚有怒氣地說：

半個月的茶油不見了！（茶油乃茶樹果實榨成的油）

其實我尚不太明白母親的語意，堂哥偶然問及父親在外的收入支用清況，母親似有不滿而回答：

沒有一文回家，有時還向家裡拿！

我是獨子，受母親的寵愛極爲正常，而影響最大的是童年竟然在農村受了「蒙以養正」的「啓蒙」教育，母親是老師，我的外公乃前清秀才，母親是受寵的唯一女兒，從小接受了私塾教導，母親大概因而熟背了頗多的詩，我由懷抱能「兒歌」的時候，便教我讀背唐詩，依稀記得教孟浩然的詩：

移舟泊煙渚，日暮客愁深。

野曠天底樹，江親月近人。

我家的農村未有舟船，實難明瞭移舟之意，母親移動所坐的木櫈代表移舟，如此學了唐詩中大部份的五言絕句，小部份的七言絕句，因而有了古詩的歌唱和音律感受，應是其後我的撰博士論文《禪學與唐宋詩學》潛在的原因；其後愛看袁枚的隨園詩話，得博士之後的著作《袁枚》，讀遍了袁枚的所有著作，撰成此書，運用的全是袁枚著作中所有的原始材料，當時毫未考慮，答應了「河洛出版社」的約稿，也與母親袁姓有關。

母親和父親的能成眷屬，我毫不知情，似乎父親與母親的唯一兄長，我的舅~袁名魁先生，長年郎舅失和，直到外婆逝世，父親作了祭文，讓我尚未滿十歲的童子，在稠人廣眾之中，聽從「禮生」〈如今日的司儀〉，和鑼鼓振天時，能跪拜如儀，未錯失母親的事先細心指點，祭禮成後她擁我入懷，流露的是安慰滿足的笑容，舅父舅母更欣然色喜，堅邀長住了好些日子，二家似乎破冰而有了改善；我也記得有人評論父親這祭文，有當時不能懂的所謂「春秋筆法」。

母親徹底改變我的命運的，是清算鬥爭之前，命我隨父親之後而逃命流亡，我清楚記得這天的凌晨，母親做了異常豐盛的早餐，天方濛濛亮，拉我起床用畢，交給了幾塊銀洋，而且選定的是大堡市「趕集」的日子（趕集又稱趕場，大約每逢一、七等日進行買賣。）母親囑道：

> 你要特別細心，偷偷走出杜家灣，不能讓鄰居看到，上了大路跟在眾人之後，到衡陽找你去過的族人家裡，去問消息，找你父親！

我知道母親雖不是閨門不出，但到十餘里外的大堡市，僅有一次。樹未倒巢未覆，便決然命我亡命，走出當的大風暴，母親是何等的不忍？何等的捨不得？又是何等的智慧；不然，我一定陷身杜家灣，鐵定與堂哥陪祖父受鬥爭，縱然苟全存活，也是黑五類的工人，連文化大革命時，不是紅五類，爲毛主席而搖旗吶喊，作鐵衛擁護的可能都沒有！但是于流亡流浪，在此根本性的命運決定，便是終生不能忘懷的母親所作成。

在這場大風暴的清算鬥爭，自古已然的罪不及妻孥的常態豁免刑罰不見了，反而如帝王時叛的殃及子孫，則處處顯現，母親是地主、惡霸、及革命家庭，在遭鬥前以剪刀割喉，喉氣管未剪斷被舅父救治而痊癒；之後掃地出門，住廢窰、荒祠，帶著二位弱妹行乞，當時誰會施捨？誰有能力施捨呢？母親荒歲和每年青黃不接的護貧濟困，有了成效，我記住一位農餘撤網捕我塘內野魚（非放養的鰱魚、草魚等）的農人道：

我好感激你的媽媽，去年大饑荒，我餓到站不住了，吃了給的一大碗飯，才有撤網的力氣！

似因此才能乞得一些食物，幫忙最大而多的，就是舅舅一家。

母親病故在人民公主成立之後，罪名似已平反，但房屋田產已蕩然無存，只靠著善於做飯菜，而收容至公社中掌廚，二位妹妹得到一些「漏鍋」食物（漏鍋實指廚人的竊取）而存活其性命，但成長後極爲衰弱。

母親失去生命的根本原因，在兩岸開放，父親病故，我能回鄉奔喪之時，祭拜母親，坐在黃土墳前，大妹告訴了病情，是由於水腫——食物不足，長期以野菜和能吃的野草、觀音土之類充飢，才罹患的病症，現在醫稱爲消化系統不良。

但這種悲慘的結果，也包括了大陸此後數年之間，餓死了三千餘萬人，母親的水腫，似較爲幸福，不是直接餓死的。但在病危時，想吃一碗肉，喝一些魚湯而不可得，兄妹三人，距母親逝世已相隔多年，仍相對痛哭失聲。印證其實我在軍中入伍受訓，接連兩夜夢見面目黧黑而不認識的老婦人，站在面前雙目注視我，而一語不發，應是母親的魂魄，遙遠地越山跨海而來，可能也不認識成長了的兒子，故而默然無語吧！

更可悲的，是我的另位「遠房」舅舅袁榮先生代報戶籍時，母親欄內只塡了袁氏，而無母親的閨名，其後有親人通訊晤倓的機會，竟未問及。在當時因婦女之名，不出閨門，也無戶口身分證等資料，子女僅知道喚媽媽，我能因而原諒自己嗎？以後香港大學的陳耀南博士，他替我轉寄了很多與父親連絡的家書，知情之後，爲安慰我而自暴身世道：

松柏兄，別難過，我連父親是誰都不知道！

我的岳母，原姓佘，戶籍人員誤寫爲余，要求更正時必需具原始證件，結果只有改姓余了。流亡的時代，流浪生活結束前後，這類悲劇性的事件和大小錯誤，不知凡幾。雖然名字只是代表一個人的符號，「青史上幾行名字」，母親的名字在他人並不重要，在我這支家族上不重要嗎？實有深切責怨自己的必要。

在家族之內，母親被祖父母和父親稱為「䰕嫂」，我原本僅知其音，不知其字，經與陳君廖安教授討論之後，才知「䰕」這字的字形，讀音和意義，「䰕」讀若瞞，從尾構字，如么兒、末女之意，父親係䰕仔，故母親被稱「䰕嫂」。再作探求，「我祖南遷五百年」，自必難以造出此古諺古稱，應是祖先歷代相傳承，廖安舉了類似的例證，他是由穎川（河北）遷徙福建，再至台灣的，也有此稱呼，由文字諺語的祖宗傳承證明，扎根都在黃河的河南河北，故而古諺相同。因台灣的「河洛民族」很多根源於此。我在台灣將必成為杜家灣一系的「開臺」杜氏，因母親「䰕嫂」名稱的追原溯始，得到此一結果，也可大書以告兒女後人，對母親也可稍補不孝的過失了，也是絮絮道來的原因。

（五）極支碎的教育

教育不是無能的，引發潛力，成長心智，增加知識技藝，非受教育不可；教育也不是萬能的，有朽木不能雕的方面；在傳統國人的觀念中，極重視教育，可以說是重視教育，崇拜「士」的民族。在新時代和新的學校未掀起之前，以讀書識字、作詩文而備「科考」、登仕宦的、只有私塾教育；學技藝的職業養成，則是各行各業的學徒制；二者分離而鮮能互涉；也無嚴格的年齡限制，大多童而習之；私塾教育是以家族爲主導，貧人子弟是附屬性的入學者，農村極需勞力，貧人家庭大多無送子弟加入的強烈意願；私塾分成二級，一是「蒙館」，由三字經、千字文之類的子弟書教起，主於識字，爲再上升一級作準備，蒙館的意義，是啓蒙，也是兒裡教育的開始；一般貧苦家庭的子弟，至此階段大約三年二載便告結束，僅有極聰明而特異的，由塾師的賞識，才有升入「經館」的可能。二爲「經館」，簡單的字面意義，是讀經書爲主，而實際上是作詩爲文練字，科舉考試未廢止之前，則學作八股文以成秀才、舉人、進士；經館沒有嚴格的年齡限制，學生幾乎又可以隨時退出。

我有幸是先進入現今所謂的小學，但不是從一年級開始，因父親是這「國民中心小學」的總務主任，他有好友多人任教，我插班入三年級，也未經考試；父親認為我有了家庭教育，讀了三字經和唐詩的基礎，可以試讀這一年級。學校初辦學生年齡不等，有的高出我一個頭以上的，其中一位竟是我表姐的未婚夫，根據當時表姐約有十六歲以上的芳齡，則這位同學已十八歲左右，而我是大約八歲左右的幼苗嫩秧，一位教算術的李翠梅老師，大概不認同父親弄權使我超級就讀，其實學校在建築物廣大的陳家祠，父親又佔了一間好住所，成了我的宿舍，因而他便借他教數學時頗多學生不及格的機會，宣佈凡不及格的，差一分打手心一下，又盯著我似要揮動竹片；輪到我時，伸手受罰，只輕輕點了幾下說：

該死打七十。

我考了七十分，事後李老師當我的面向父親道：本來是要重打你兒子的，但卻及格了，你看他衣服歪亂，不成樣子：

混了一年左右的小學，因日本鬼子入侵，戰火燒到長沙之時，學校關閉，因而結束了小學階段，僅留有上述的記憶，便轉入了私塾的經館。

塾師胡覺先先生，是當時德高望重的前朝秀才，伯父、父親、堂哥均曾及門受教，父親帶著我，長工挑著行李，正式拜師；私塾設在胡家祠堂內，離家直走只有里餘，但隔了我家前面的小河，有「攔水壩」的「堰頭」可涉水而通，但「堰頭」常有水流，大概因為有溺水的危險，故未上由走路可到的「通學」，而與約七位高初中因戰爭輟學而來的高大同學共起住飲食，更有老師一男一女的孫輩「附讀」。

拜師開學的儀式，沒有外賓，簡單而隆重，高懸著孔子像，胡師穿著長袍馬掛，戴著有紅頂子的瓜皮帽，臺上有四書、戒尺、下鋪拜墊，胡師肅然立在臺旁，點名一一行三跪叩首的大禮，再向他行三鞠躬禮，便告禮成，也是我幼年唯一記得的開學典禮。

這應是典型的「經館」，四張長條的木桌合併成共同上課的「講席」，胡師威嚴地上座開講，所有九員學生，集體聆聽的只有「古文」，「唐詩合解」。課本是木刻本的「線裝書」、有大字的正文，小字的注解，正文有圈點，注解沒有標點斷句，刻本的字體工整莊正，隨著見聞的增加，能起辨別後，方知是線裝書的刻本，有異於字體幾完全相同的仿宋體。新學一派要將線裝書拋進「毛矢坑」，指的是這種字體的書籍，當然是穿線裝訂，而不是用漿糊、打釘裝訂成冊。

個別講授的，如四書、詩經、左傳，則隨學子的背誦進度而作不同的講授；原則上是老師講解，朱筆圈點了的正文，背熟之後，向胡師背誦後，即可隨時增加進度，成爲用功和記憶力背書的比賽；大異於蒙館的，是七日作一文，十日作一詩沒有塡詞譜曲，依我現在的猜測，是科舉考試，最重詩文考試傳統之故；作文是策論，此前必然是八股文了，其因時「科考」廢止西式學校設立，私塾才隨之作此改進。每人有張大書桌，陳列文房「四寶」——筆墨紙硯，每天必習小字一頁，以抄讀教授過的古文爲內容，大字二張，任學子選摹「顏」——顏真卿、「歐」——歐陽詢、「柳」——柳公權等碑帖；這些是如今天所謂的課程大要。每天早餐後上課、午餐後稍有休歇，晚餐後放學，但胡師要求嚴正，學子自律甚佳，夜晚仍點著昏暗的桐油燈，孜孜不倦，雖偶爾閒話，決無打紙牌等放浪行爲。

我上詩文課時，胡師指定坐在他的身側，因矮小不能坐著聽課，只有跪著或站立，開始時年齡身材高出甚多的窗友，對我頗爲輕視，其後我的詩文表現，背書的快捷，得到認同，記得初次命題爲詩，胡師便將我初試啼聲之作，密圈加點，高貼牆上，並向父親查證，是不是抄他的詩句，幾次的作文，也能批改過關；我絕對不具有神童型的天才，雖不愚魯，讀書頗有記性，但全無一目十行，或讀過便能背誦的能力。緣於小學停辦之後，父親曾送我到似有結拜情誼的劉凱軍老師家住宿「附讀」，與劉老師的族侄相伴，也是私塾，但介乎經館、蒙館之間，約一年半的時間，讀完了韵文性質的《龍文鞭影》，流暢順口的《幼學瓊林》至讀四子書的《論語》時，才轉到胡師的經館，劉師也命題爲文，仍記得如「洗硯魚吞墨」，和他住宅二溪繞其屋舍的「雙江口記」二題目，拼湊成文的內容，則一無記憶。因此才能與讀過高中、初中的「窗友」並受教而未被譏笑。

在經館將近二年，讀完了四書及詩經、左傳的部份，若干篇古文，大多是囫圇吞棗不求甚解。直到抗戰結束又入「洋學堂」，進入粵漢鐵路附設的扶輪中學，似係員工子弟學校。抗戰八年的大風暴，以僻居農村，從未見過日本鬼子兵，和膏藥式的太陽旗，連「維持會」的傀儡組織和人員，也只聽說過而未見過；鄰近衡陽大會戰，僅見到戰鬥機因追逐而在稻田上空交火，有人拾得機關砲的彈殼，有了一絲戰火的痕跡；全家曾走過「鬼子」，見過游擊隊，最驚悚是那年秋天乘涼將散的夜間，忽然田間的通路上，響了炮竹般的槍聲，一隊人和火把急奔而，雜著高呼：

不要怕！我們是游擊隊，來借糧的！

大家慌亂之中，而我已飛快地跑進大門，穿過廳堂，打開後門，由荊棘藤蔓中，爬上了屋後的小山，竟坐觀「借糧」，其實是搶劫的情景。母親對靠她頗近的小孩，以為是我，低呼我的名字，其實是陪來「借糧」的小鬼。「借糧」的游擊隊「借走」了樓上若干「挑」的稻穀，賊去關門，我回到家中，母親細問我走脫的過程，甚為驚訝我的反應和膽量，山上有墳墓，我竟不怕黑不怕鬼，手撫著我刺破流血之處，似乎怔呆了，大概是以後敢于讓我孤身逃亡的最大原因。

扶輪中學設在衡陽火車站對面的黃土山坡上，係闢建的新式建築的學校，有整齊的教室、學生教職宿舍，更有籃球場、足球場、大禮堂等，每條走道都平坦寬闊，鋪著煤渣防滑。我唸完了初中一年級，又因國共內戰、兵亂將近，父親命我休學，他也由總務主任調職到武漢。「扶中」以初中一年級、高中一年級班級數最多，招收的鐵路員工子弟來自各方，同年級學生的年齡差別頗大，依身材高矮排座次，我仍在前排，讓學生們最誇耀是一枚三角形的「扶中」證章，除特快車之外，在粵漢鐵路上任我乘坐不必買車票。同學之中，令人詫異的是一位書法工整、課間、晚自習忙碌不停，又發覺並非作筆記和功課，我試圖接近遭到他的叱喝：

看什麼看，賊頭賊腦，離我遠些！

一言不合，似有開打之勢；一位較親近，大我而較懂事的同學，拉開了我，遠離之後，悄悄耳語：「他是職業學生！」我完全不知這一名詞和意義；以後換了一位留美學人，出任校長，多處貼出了「民主風，吹扶中」的標語，我發現是那位叱喝我者的手筆，我曾探問什麼是「民主風」，那位拉開我的勸架同學，也不甚明白，僅僅表示有人說：民主風才利於學生活動；當時又有「讀書會」的入會組織，我因年幼又住在教職宿舍，只是略聞風聲，其後才知道那是釀成風暴中的一些人；不久北方的一些流亡學生，來校求助，我在校門口見到了頗爲狼狽的一群，僅略知其缺衣缺食，隨著老師由北而南地流浪，只能安定的求學而乞求資助，料想不到，不久我也是流亡中的一員，而比之更孤單、更無助。

內戰影響到了湖南衡陽等地，我又回到私塾，主持的是胡覺先老師的次子胡湘耀先生，曾任空軍氣象站的站長，令我耳目一新的是師母的捲頭髮、口紅和旗袍、高跟鞋等的打扮。一年多的時間，胡師未授數學等科目，但在講授古文等時，雜入了諸多時事和所經歷的見聞。隨之回鄉的一子一女，原係旁聽的「窗友」，此時成了正式的同學。其後二人認爲受了師母又係後母的歧視，韓戰爆發，在抗美援朝的風潮中，憤而從軍，湘耀老師也受鬥，以在家鄉未結怨，以無田產，保住了性命。在大風暴中，我自認頗幸運，至少最後才捲入，有了快樂的童年。

我於私塾三進三出，新式的小學未滿週年，設備完善的「扶中」，讀了初中一年級；三次私塾所教，各成片段，不能連接，更無系統，只能稱之爲「支離破碎」，來台以後再也未受初中、高中教育，考入軍事學校，畢業任教後，再回頭以軍中「隨營補習教育」的資格，考得了同等學力的高中畢業證書，實際上則戍守金門等地，並未上課，雖曾陣中苦讀，我僅唸背了初中的開明英文課本至第四冊；看例題、學數學，有過徹夜演算一題不眠的經過；即使中外歷史地理，真能無師自通嗎？物理、化學更是門外漢了。平心而論，決無高中學生的水準，竟然像我一樣，很多考得了高中畢業證，可以說是政府的恩德，或對流亡青年的歉疚，更確切地說，是政策放水。頗多國防特考及資格考試，自認可比正式文官高考、普考的，似係妄自尊大，未明究竟。流亡青年，有了這政策上共同梯階，才能「有雲有路志爲梯」，而成長出頭。又如軍人可以讀大學，上夜間部，軍事學校畢業生，可以具有文學校的科系學位，在這等等的政策開放下，我和眾多的人才能圓夢，獲學士、碩士、博士等學位。這類的決策，更促使台澎才俊之士的奮發有爲，在挫敗之中，煥發了朝氣，而又蒸蒸日上，試比較同時期的對岸，大搞「文化大革命」和批鬥，其結果如何？復以台灣的其後政局而言，僅因「台獨」而鎖國、和掀起的「藍綠」惡鬥，可顯見的是政府公務員十餘年未加薪，可見政策失誤爲害之烈。

純就我的支離破碎的受教育過程而言，其偏重和基礎，多在於私塾教育。時代發展至今，私塾決然不會「復辟」，可惜長久以來的「教改」，毫未參考其成效。彷彿私塾是封建的、落伍的、塡鴨式的，嘈雜混亂而一無是處。平心而論，私塾教育的特殊功能，在語言的表達和文化及國學的傳承上，有熟讀熟背的基礎，朗讀吟詠的練習，便有了遣詞造句的堅實表達能力，成章而達意；長期的習作訓練，可收信手拈來，詞句唾手可得；我約四十萬字的博士論文，搖筆掃下，沒有第二次的改稿，此一基礎，可為證明。教師上課，幾全係一對一的教導，現在盛行的家教，深有此意，學生受教時的臨場反應，懂了沒有？問題何在？便明如指掌，故而家教的成效，深得私塾的遺意。

私塾令人不解的，是學生各自大聲朗讀篇章，一片嘈雜混亂的噪音，破壞了寧靜，似乎彼此會受聲波的干擾，其實不然，各自的朗讀的聲音，彼此抵消了，只聽到自己的唸讀聲音，而形成「專注」。民國初年，相傳來華考察我國教育的桑戴克，他不參觀新設的高初中，認為只是歐美學制的仿傚，特別拜訪私塾，發現了上述的特點。我在私塾吟詩讀文，各自發音，各不相干，更具有讀後有「因聲求氣」的大效果，正如音樂課的教歌，譜曲熟了，歌詞自然上口；同理他人的佳章妙作頌讀了，作文時便文成而音節順口，有氣勢、有韻律，而自然成腔調。我們的語文教育，能不汲取此古法嗎？故而私塾教育的精神和傳承，有不可磨沒者在，今天似已消失殆盡。特作此呼籲。而且純以教材而論，私塾的教本亦有優勢的方面，我的同學同鄉好友鄧耀秋先生，在長沙上新式小學，課本如「大公雞、喔喔啼，天天叫人早起」之類，其後自行補讀《三字經》、《幼學瓊林》、收效宏多。他流亡來台，高考及格，認爲此種教本功不可沒的，但是上述的私塾課本，現在幾已全廢。

在童年，我趣興盎然，半懂半不懂，不懂之處多用猜想，讀了極多的小說，受影響起作用的。如《東周列國志》、《西漢演義》、《東漢演義》、《三國演義》，其後讀《左傳》、《史記》、《漢書》、《三國志》等時，人物姓名、故事情節，頗爲熟識，恰如這此書導讀。記得某一炎暑天，在樓上發現了母親，藏過年時剩餘的糕餅之類，竟然吃「零食」、看小說，過了一整天，週身起了痱子，任母親焦急而遍尋不獲。在伯父遺留書簍中，見了他軍裝的照片，又認爲新約、舊約的《聖經》視同《封神榜》、《西遊記》一類神怪小說而閱讀。也看一些偵探小說，其後服務軍中，收效甚大。

童年大可誇耀的，是在門前的大水塘，學會了潛水、游泳之後，不用網鈞，竟能空手在水中撈魚、補鯽魚、抓黃鱔、摸螺蚌等，易如反掌，而以能在水下泥中捉泥鰍最突出，其訣要是輕輕接觸泥鰍之後，毫不著力，輕輕連泥土托起，出水以後，捧入水桶之中。最好的「戰績」，乃在沙堆的腳下踏到約斤餘的甲魚；石窟中奮鬥久久，抓出約二斤的鯰魚，至於稻田、水塘內野生的田螺、蚌貝等，常「滿載」而歸，故母親任我「逍遙」，餐桌上會有此美物佳餚。等等上述的鄉情，流亡流浪時，怎能不懷念？

故鄉呀故鄉！那僻壞而富饒的故鄉！是我溫馨紮根的地方！

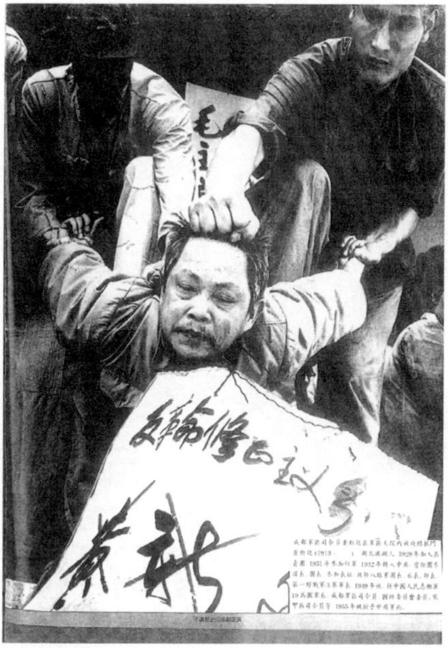

圖二：對岸中將司令黃新廷被鬥的罪名和慘狀

圖三：約三十年後與父親在香港重逢合影

圖四：與父親（右二）會面宴於香港。時兩岸仍隔離，我由浸會中文系左松超主任（左二）邀請演講，港大陳耀南教授（中間帶眼鏡），中文大學系主任常宗豪作保，大費周章得以會面。

圖五：與妻子李宜玉，女杜元音與父親再會於香港，常宗豪教授（左一）欣然合影

圖六：與港大陳耀南博士相契茶敘

圖七：與妻兒合影

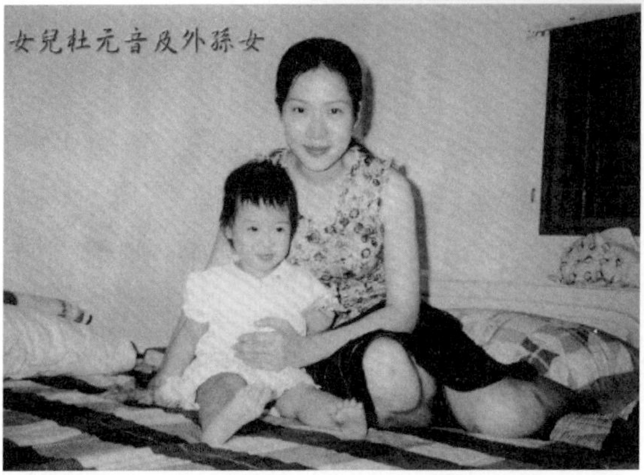

圖八：女兒元音，外孫女林子寧

三、流亡港九的大驚魂

母親命我離家之日，即我逃亡保命之時。其先是到了衡陽，不知道父親逃到天涯何處？族親安排我到八竿打不著的姑爺家，在零陵冷水灘一家鐘錶店中裝學徒，每天坐櫃檯卻無所事事。其後對岸迅即加強了地方組織，清查戶口，風聲緊急，姑爺無奈，要我回衡陽的原介紹族親家，這一歷程極爲短暫，在這裝學徒期間，未走完鐘錶店所在的那條短街，很像間諜的僞裝潛伏。

（一）僅一張車票逃亡

回到衡陽，在族親處知道了家鄉清算鬥爭的簡訊，祖父被害，母親割喉未死。逃到那處去，成了惶惑的大問題，我當時簡單的想法，天地之大已無容身之處，想到古人所說：「覆巢之下，焉有完卵？」表示要返鄉回家，不是慷慨赴難，而是無處可逃。族親吶吟良久，代我作了決定：

你父親逃到了香港牛池灣，去找他吧！

後來方知牛池灣不在香港，而在九龍靠近黃大仙的小地方，其時已是逃亡人士蟻聚的地方。他變賣父親寄存較值錢的衣物，買了一張到廣州的車票，將我交給他認識的也準備逃港的朋友，充當他的親戚，也叫他「姑爺」。並已打聽清楚，火車上查車票之外，並不查問其他，也許是對岸才取政權，尚未建立嚴密的公安系統吧！

上車後安然地到了廣州，叫賣和交談的，全是聽不懂的語言。出了車站方聞知要到香港，需再乘車到深圳，經海關出境。隨著這位姑爺到達之後，竟然處處多有流亡之人，不同的服裝，各樣的語音，不同的神態，當地相應有了眾多帶路助逃的「黃牛」，展開了交頭接耳的價碼協商；我二人在某位黃牛協助之下，出海關，經過羅浮橋，入境九龍時，因沒有任何證件和入境手續，被拒絕又入關回深圳，其時韓戰已爆發，深圳入關各處，招展著各類抗美援朝的標語，明明我們被打了「回票」，轉眼之間，被海關人員認定是回國的「港僑」，要求作抗美援朝的「樂捐」，「姑爺」似乎捐了一些不樂之捐，再找黃牛「帶路」，我和姑爺分手，各找了一位黃牛。

（二）探照燈下的驚惶

願意幫我的這位，問明我去九龍何地？找誰？問我父親是何行業？我作了一些不甚明確的回答，情急地撒了大謊：「父親在九龍做生意，帶我到了一定有錢給您。」

也許是好心，也許不認爲我小小年紀會騙人。其時我已身無分文，吃飯等也是這位黃牛叔叔出的；經過艱難語言溝通，我無條件接受了若干港幣帶路的價碼。之後，他找出當地「童裝」，把我打扮成當地的「廣仔」，隨他再入境九龍，而一再地告誡：

他們問話，裝啞不回答！

在港九海關官員的查問下，我不能不答話，當然不是當地的粵語，又被拒入境，也聽到有海關人員譏諷被打回票的逃亡者道：

做什麼「生意」？全是逃亡的地主惡霸，香港九龍，遲早會解放！看你們再逃到那裡去！逃了都會抓回來！

應是他們的信心，任由逃亡人士的出境，被拒絕入境的是港九這方面，流亡入境的人太多了，隨後才嚴密檢查和封鎖邊境。因此變化，「黃牛叔叔」只有帶我偷渡了；黃牛成黨，有了偷渡路線圖，在架設鐵絲之處，剪開了通道潛入，時間在半夜至黎明前，他領我冒險，嚴厲囑咐道：

照明燈亮起時，趕快趴下，熄滅後隨我快跑！

我驚險地也大開眼界，轟隆聲中，照明燈射出了，天際起了大片白色的光芒，不久熄滅，前後有了暫短的空隙，是逃跑的時機，臥下、爬跑、驚惶不已，幸而逃脫了。如果發現了會不會有人追捕？有沒有子彈掃射？未加追問，也幸未發生。安全到了某處車站，坐上公共汽車，「黃牛叔叔」才低聲道：

我們安全了！

黃牛叔叔輕車熟路，找到了牛池灣，竟然有甚多的鄉人鄉音，欣喜而迅速地找到了父親，黃牛叔叔見到低矮的木屋，諸多做工的器具，無奈地明白了我的謊言，當時做各種雜工的「難友」，聞訊拿出了當天的所得，幫父親付出了帶路錢。父親打拱作揖，送走了「黃牛叔叔」，我羞慚地不敢看他，只記得那瘦小的身材，不流利的廣東腔國語；其後鄉親「父執輩」，詢問故鄉事，我不甚了了，但詳細地回答了「黃牛叔叔」帶我偷渡的驚險過程，大家無不嘆息：

杜家這小孩，真聰明，竟能騙了黃牛黨！

這稱讚，實如針刺，我是「壞小孩」，居然撒謊騙人，我向父親表示懺悔，他似在安慰我：

兒子！忘了罷，說真話，他會帶你嗎？要記住的，是這恩情！

可是連這恩人的姓名都不知道，「黃牛」是不雅的代稱。如何報恩？何能報恩？小說中的落難人，常有無名貴人相助，這是我命中的第一個貴人。

(三) 父親的無奈棄我

大災難後的父子重逢，父親毫無喜色，接受了同鄉逃亡者的多人道賀，卻長嘘短嘆。在實際的困苦生活中，我知道了大家的身份都是難民，因爲到晚了，連住進調景嶺這香港政府所設的難民收容所的資格也沒有，因爲人太多了。「調景嶺」原名「吊頸嶺」，象徵不祥之地，是九龍靠近牛頭角一處近海的荒地，臨時開荒而成的收容所；多人沿山坡擠住在三角形的油布小棚內，夏天熱氣蒸人，但每天供給一些能活命的粗糙食物，要憑飯票每餐領取，但已是「港府」的天恩；收容截止後，誰也擠不進去。這兒成了我們熟知的「難民營」，漸漸有了組織，設了學校，供難民子女就讀；營區內高掛的是青天白日旗，每晨有升旗典禮，其後與遷台的政府組織有了聯繫，被我們簡稱「國府」，更設立了「大陸災胞救濟總會」，秘書長方治曾多次至此難民營訪問，我其後便是以此會的「義胞」身份入台，「義胞」只是難民名義的修飾或美化而已！

父親和後到的難友，散佈在牛池灣、黃大仙、青山道附近，沿著啓德機場一帶的荒地在打造木屋或租賃居所。香港號稱「東方之珠」，又簡稱「香江」，而難民大多生活在陰暗的下層，逃亡之後，除了大陸如上海、廣州等的豪商大賈的人外，倉皇出走的，均多身無長物，真是生計艱難；其實港九並未開發，人口大概數十萬，難民多要找工作、謀生活，而大多是肩不能挑、手不能提的「知識份子」和「地主」，父親是極「典型」的代表。我和父親重聚，生活約十餘日，不但出賣勞力，而又機會難得，列如在湖南大學「商學系」（也許不是當時正確的名稱，但幾包括了今日的商學院所有的科系），將畢業的鄧哲先生及其弟弟，得到賣豆腐的工作，頭頂豆腐木框，沿路叫賣，令難友羨慕不已，也是嚴峻的勞動考驗。我隨父親割草、打石子，更要拾枯枝等作炊煮，當然腰酸手痛，勞苦至極，而且不能躲避風雨日曬，我緊咬牙關不敢叫苦，也知道我的投奔，增加父親無窮的「高壓」，明顯的是勞力的辛酸，在他三十多年的生命中，從未經驗過。某日忽然諭知我：

明天，我要去廣州，籌一些錢，作我們的生活費和你的教育費！我已將你托陳善伯伯照顧！

我嚇住了，呆若木雞，不敢作任何的提問，直覺有了空前的危機。陳善伯伯是父親只欠磕頭的誼兄弟，年齡長父親甚多，曾數次來家作客，似乎家境清貧，似多次受過父親的資助，更知道父親的拗脾氣，他作了委婉的陳述：

你不是托孤吧！我不能推辭，只怕承擔不起。何必呢？此時此刻去廣州，有籌錢的把握嗎？

父親未接受這一勸告，在我單獨去作苦工的時刻棄我而去，善伯和同鄉難友，在背後有了直率近乎苛刻的評論：

這大少爺，是忍受不了苦楚，到廣州找錢，像痴人說夢，怕難平安回來！

只怕這小孩，要成為孤兒！

真是直言鐵斷，父親杳如黃鶴入雲，陡然消失了，我真的成了流浪的孤兒，在饑餓生死線上上掙扎，接受苦難重重的考驗而成長。稍有失誤或淪落，便是流氓、罪犯、死亡。

（四）哭呀買我割的草

其後知道父親陷身對岸監牢，罪名略如前文所述。我在牛池灣、黃大仙等地，打石頭、割牛草，有時被拒絕，陳善伯伯正色而又無奈地訓勉我：

你不會哭呀！

顯然是要以淚水取得同情，我更知道誰會理你的淚水？而且種種的折磨，已到了眼淚流乾的地步；最痛苦的一次，是細雨濛濛一刀砍在草中的硬石上，刀鋒偏斜飛到了左手的食指，綻開了半邊，幸未斷傷指骨，我忍痛握住傷口，撕了衣袖裹住後，仍然工作，無處作消毒等處理，竟未發炎；每日揭視傷口時，依農村的古傳方法，吐自己的唾沫消毒治理，竟自然痊癒，惟寸許長的傷痕，由濃而淡，現仍灰白一線，以後我握筆代替鐮刀，偶然顧及，似乎餘痛猶在。當年未餓死、病死、未作叫化子等等，真是運氣。

半年之後，朱勇鄉長介紹到上海樂老板的「大滬針織機械公司」，正式作了工廠中的學徒，廠內師父等人，稱我為「湖南仔」，我的笨手笨腳，毫無操作器械的天份。工廠在深水埠的長沙灣道，每天掃地、上下廠房大門、清除機械油污、協助女傭洗菜等，偶爾上工作檯試用工具，作不重要的零件，毫無績效可述。可怕而深有記憶的，是我住的小木樓，竟然臭蟲絡繹不絕；樓下是師傅的工作檯，夜間加班時，忽有臭蟲跌落，他們驚異追蹤，才發現我的草薦被褥下，幾乎臭蟲成堆，遂噴藥滅殺，我當場起了雞皮疙瘩，若未發現而任其發展吸血等，真不知是何後果，當時發現的「阿祥」師兄，自詡是我的救命恩人。應是貴人之一。

廠內來自上海的楊師父，頗有「白相人」的韻味，假日外出，西裝畢挺，皮鞋發亮，某日外出回來，在燈下看買回的報紙，竟然拿倒了，我好奇試問原因，他竟答道：

拿給你看的！湖南仔！

在學徒而生活安定之後，我恢復愛閱讀的習慣，楊師父很可能真的爲我帶回了當日的報紙，也有擺充「斯文」之意，想不到卻引發了我被「炒魷魚」的「文字獄」；當看到朱元璋這位「和尚天子」，替殺豬人家作的對聯：

雙手劈開生死路

一刀割斷是非根

驚訝其狂放而切貼，隨手抄在工廠記事板上，不幸被老板發現，而問知是我寫的，立即開革，結束了大半年的學徒生涯。

（五）以義胞身份入台

塞翁失馬，焉知非福，此際我私塾業師劉凱軍先生、與遠房舅舅袁榮、袁月笙、袁子永、劉明哲（後改名劉琳）先生等六人，在香港衛生局所屬單位受雇，作疏濬溝渠，施打防瘧殺蟲藥等工作，在牛頭角復華村建了石棉瓦、紅磚的大間房舍，大伙攤開行軍床共居一室，號曰「衡廬」，鄉親無條件接受了我的加入，作了無財物可看管的「看門人」，又恢復了幾分私塾的學習氣氛，用飯的餐桌似乎成了課桌，我細讀了袁枚的《隨園詩話》，間而吟詩作對，每天習字讀書閱報，但除《隨園詩話》、《古文觀止》之外，已無其他書物，但訂了一份香港時報。我自由自在生活了，直到大家先後回台灣，「衡廬」諸人，才無形解散。

但難民群中，有了國共相鬥的影子，有我目睹在陶化大同公司的圍牆上，大書「殺朱拔毛」，也有在門口寫上對聯：

留頭生白髮

開眼看朱毛

似乎港澳等地，以至泰國、越、棉的周遭流亡者，仍呈現「大風暴」的兩黨鬥爭餘響。暫寓衡廬的諸人，因蔣介石總統在台灣的復職和奮發反共，如某首歌詞所唱：

蔣總統，領導強！

自由的燈塔放光芒。

我們先後回到了台灣，其後也都成了公教人員，結束了流浪生活。這由「大風暴」掀起的流亡潮，有了多少人被捲入、被餓死、病死、殺死等，應無以確實統計，國民政府習稱的六十萬大軍，其後歸來的逃亡者呢？世界各國各地又收容了多少？我們大都像楊花，隨風飄盪；有的更像蒲公英，落地生根；最不幸的，仆倒而塡塞荒野溝壑，均應屍骨無存而無人問其生死。台澎金馬如東晉的「僑郡」，漸漸兩岸如南北朝的對峙，我們不是踞長江，而是有台灣海峽。

我回台灣，當然有了以後衝刺發展的機會，最自憐而可笑，反而當了「黃牛」。我生活在九龍，二年有餘，國人知名的「屈臣氏」大商家，其時正在香港崛起，經營了冰棒、汽水類的食品，每次路過其店舖，那冰櫃打開，炎夏冒出爽人的涼氣，我幾乎欲開洋葷而品嘗，竟缺錢而不敢入內。故入台證件到手時，那有錢買船票？其時港貨在台極度歡迎，卻被禁止，故而有了帶港貨入台的「黃牛」，爲貨主帶貨若干，送上船票和一些零用金，我欣然接受，否則只有望洋興嘆了。我深信其時來台的流亡客，作帶貨「黃牛」的繁有其人，而鮮有例外；海關人員會不知道嗎？似乎默許了這小漏洞。也可能是抓不到證據或打通了通道之故。但我忘了，是誰介紹？是如何能成爲帶貨「黃牛」的；因爲也要有門路，更是運氣，否則我能游泳到台灣嗎？那位托帶商品的貨主，實是不能問姓名的助我貴人之一。

四、改變命運的巧遇

登上永安輪，停泊基隆碼頭，那風生浪湧、海天一色等等的景象，沒有任何的驚奇和喜悅、感覺中是由一個較小的海島，到了另一離大陸更遠更大的海島而已；對港九我只有逃命得救之地的銘感，仍生活在大都市的低暗處，僅多次走過最大的彌敦道而已。九龍對岸的香港，未曾去過，霓虹燈下燈紅酒綠、五光十色的飲食男女和富豪生活，「馬照跑」的跑馬場，不知在那裏；學了些半調子、發音不準、荒腔走板的廣東腔，但鄉音無改，形體漸在成長；偶爾想到「少小離家老大回」，故鄉呀，不必看地圖，由乘坐離家的粵漢鐵路，那大堡車站，距家不到二十華路，因港九是有路可通的，但其時對岸是封閉的「鐵幕」，聞道清算鬥爭的風暴過了，但故鄉一切訊息沉寂了，難民彼此切切相告，萬萬不能與家人通信，當時幼弱無知，也不知去郵局寄信，但意識到「杜家灣」中，還有我祖南遷五百年的家嗎？雖不太清楚鬥爭清算大災難後的結果如何，但母親幼妹還會、還能住在「杜家灣」嗎？母親割喉自殺當時未死，是不是仍存活？是不是像我一樣在流浪？無回音、無住屋、無勞力，會有糧食蔬菜嗎？不是淚流多了，心靈情感麻木，而是現實生活的艱難，顧不了這些，漸漸淡忘了這些。但到台灣仍是他鄉流浪：

（一）初抵台灣的感受

在香港九龍，不太知道其地理、歷史，其實它是廣東省寶安縣、東南海中的珠江入口處，鴉片戰爭時，爲英軍所占領；第二年割讓給英國，經英人的大力開發，成爲世界的自由港和商業地區；九龍半島乃其後成了英人的租借地，合稱港九，而以「東方之珠」著名，意謂係英國王冠上的寶珠；何以稱香港？已難求確解。在流亡者而言，是自由地區，有了庇護所；但被對岸，稱之爲殖民地，指斥其「發散了資本主義的臭氣」。但在「大風暴」中，已形成自由法治與「鐵幕」

極權的對比。由香港到台灣，仍是孤身一人，仍是居無定所的流民，雖如杜甫詩所云：「飄飄何所似，天地一沙鷗。」比擬沙鷗，尚有不如的，牠有強大的羽翼，能自由飛翔、又能覓食，千千萬萬的流亡者，似均不能相比。而我更羽翼未成，歸宿無定。但在香港九龍，那確實是自由地區，我艱難辛酸地生活了兩年餘，卻沒有身分證及任何證件，到工廠當學徒，也未要任何證件；登輪回台灣，除了船票和入台證之外，也未要求出示身份證，我之所以未辦香港身份證，實乃無此迫切需要之故。香港九龍更是法治的地區，不吸毒、不犯法觸罪，可以任我逍遙，未曾遭到查戶口、出示身份證的要求。

回到台灣的初步印象，可以確認的，是與港九，同是自由法治的可愛地區。其時我僅有一定時效的入臺證明文件，和大陸救災總會所發的「義胞證」，不知去報戶口和辦身分證，長達半年以上，見了台籍里長，相談甚歡，沒有警察來找我、管我，除了我職業之外，極自由而安樂。

台灣在福建省的東方，乃合澎湖等群島的總稱；由歷史的淵源，是我國的領土，毫無疑問；由鄭成功的驅逐荷蘭人的「開臺」，至清朝的「治臺」，稱爲「臺灣府」，設官分治，如劉銘傳的政績，及建設台灣的成就，尤其在人口的結構、風俗、語言、文化的傳承上，早已與我華夏民族，融爲一體。然而不幸的，是在日本蓄意侵略之下，曾割讓與日本，似乎在近百年的「大風暴」之前，「置身事外」，事實上乃此一「大風暴」的前驅；在八年抗日戰爭慘勝之後，由同盟國元首的「開羅會議」、暨戰後的和平條約、「國府」光復台灣；國共內爭；中華民國政府遷治來台，在香港及海外華人，簡稱爲「國府」，與對岸的「中華人民共和國」對立，依國際的簡單法理而論，對岸縱然在聯合國取代了「國府」的地位，但其政權經「古寧頭戰役」、「八二三台海戰役」、並未能占領台灣及金門馬祖等群島，而有現在「一中各表」的政治議題之出現，及兩岸的政府，同屬一個「中國」；在「奧運」中出現了「中華台北」、與中共北京相對共同存在的出現；在國際政治上，對岸接受了美國的「台灣關係法」；經濟組織上，接受了台澎金馬的關稅地位；實乃百年間受「大風暴」的諸多演變和歷史發展影響的結果。在兩岸的對立上，或可比之於南北朝的對峙，在實質上而大有不同。由歷史的角度和臺灣存在的實際出發，我們不能不承認以下的大轉變：一、臺灣已由一荒島，經建設和共同打拚之後，成爲國際間的重要存在和經濟地區。二、台灣的地理位置，已因科技交通等的演進，成爲國際強權或拉攏的對象，台灣應有自處的基本立場。三、國際強國已競相在亞洲作軍事、經濟等的角逐，臺灣是軍事上的不沉「航空母艦」，是商業爭霸上控制東北亞的堡壘。四、兩岸的關係，不能再由內鬥內戰而自相殘害、甚至毀滅，而應由一體繁華、和平共處而以和平原則解決「統獨」之爭。就最近六十年來的大流亡、大流浪的問題而言，台灣不同於香港，不僅是無奈地接納了巨大的流亡洪流，而是在「國府」的統治和領導下，由制度、政策、諸多的政治運作，統合臺灣的原居民和來台者，有了一體的團結和打拚，有「二蔣」的奮鬥和以十大建設爲基礎，才有「台灣奇蹟」、「台灣經驗」的出現，改變和提升了台灣的地位，形成了對大陸無比的影響，尤其是文化傳承，經濟發展等方面，是對岸「取經」的榜樣。非「外來政權」所可汙蔑，更不能以「台灣人」和「外省人」作對立而可分化、分裂。現在的「台灣人」，已因共同的奮鬥，經濟成就，和文化、習俗、血統、婚姻等等的融合及相互接納而成爲一整體。尤其在民主制度，已漸進之後，政權交替，可望成爲常態，只有和諧團結，共存共榮的努力、方能長治久安，與對岸作和平競爭。個人由流亡來台，在流浪中奮鬥，闖衝得博士，區區的成就，見證了「台灣經驗」，也參與，創造了「台灣奇蹟」。

台灣是異鄉，我舉目無親。陳善伯伯幫忙我辦妥了我保證人等一切來台手續，卻不能照管我的生活。因認識了在香港復華村的同鄉祈少雲先生，因他的關係，來台之後，落腳在台北市六張犁偏僻山邊的地方，租了一間小屋，前走五十公尺，便是駐軍的營區，有同鄉劉姓兄弟，隨軍來此而相識相交，他二人是另一類的流亡潮中的人，有同在異鄉爲異客的親切感。我的流亡生涯結束了，但是仍在台流浪生活的開始。六張犁山邊的竹林雜樹，低矮的民宅，甚多的稻田、小溪流水，眾多的雜魚，隨波激浪，大類故鄉景物，我急切而快樂地投入求職的行列中。

(二) 求職時的大恩人

要感謝粵漢鐵路的大貢獻，和曾、左、彭等等湘軍人物的影響——「無湘不成軍」，湖南人勇於向外發展。而我縣的衡山境內，有四火車站，交通方便，提供了鄉人來台的驛站，估計來台者在四百人以上，知名人士如趙恆惕、唐國楨、向無畏、趙聚鈺、秦孝儀、劉大柏、侯暢、向誠、劉廉一等鄉賢。在患難中亦顯「空谷足音」、「同氣連枝」的訊息互通和「義無反顧」的互助。於是頗能就興趣技能等之相近，在寶島各地，各謀發展，呈材效力，台灣成了第二故鄉。我更有長於斯，愛戀於斯的情結。

在初期求職的過程，極爲不順，無一技之長，又在剛超出童工的年齡，其時無「職訓」及職業介紹的單位，故而求職無門，也曾多到處碰壁，但遇到侯暢（叔達）伯伯之後，便一帆風順，我由衷的佩讚銘感他老人家是改變我一生的大恩人、合乎「有貴人相助」的諺語。

侯伯伯雖是一縣的同鄉人，但非親非故，而且是求職時的偶然相逢，無任何人的介紹，在約五分鐘的見面中，便毅然決然自告奮勇地負起解決我的職業問題。我沒有記日記的好習慣，又粗枝大葉，更無見面不忘、能記人姓名的天資，但記得來臺不久，那場「巧遇」的經過；一位與我父親相識的曹沭華鄉長告知：「草山」（以後蔣總統改名爲「陽明山」、以紀念明朝大儒王陽明）某單位，要一位年輕的圖書管理員，並擔負清潔工作。約定了日期時間之後，我欣然而往，曹鄉長是這單位福利社的管理人而已。

當我到達寒暄之際，未及拜訪用人單位，這時受訓的學員下課休息了，侯先生進入了福利社，中等的身材，帶著眼鏡，滿臉堆歡，與曹先生打招呼，大概是同鄉，在福利社早已認識，他摸摸我的頭，也許是聽到了我土腔土調的童稚鄉音而問到：

這小朋友是誰？

曹先生在忙碌中簡介了我孤苦無依、正來找中作的概況，之後，侯伯伯約略的問清楚我的名字，也順便確定了未與父親認識，便握住我的手：

曹先生：您忙吧，這位小朋友的工作，我負責了！不必進這裡的圖書館。

便攜著我進入華麗的禮堂、帶到一位濃眉微胖者的跟前，這是楊團長，知名的蘇俄問題專家、我的好友。

當時我這鄉下人的背境，實無法了解這內容和背景。侯伯伯也介紹了五分鐘前才知道我的姓名和孤苦流亡的簡略，便切入求職的本題，貴團不是正在收容大陸來的流亡興學青年嗎？這位應是收容培養的可憐對象！

揚團長問明了我來台的日期、身分，知道了我沒有進入調景嶺的難民學校念過書，又僅有初中的學歷後，便濃眉大縐，意在拒絕道：

團部預定的收容期已過了，他也不是還在失學的青年，不太合收容規定。⋯⋯

侯伯伯緊急地道：

團長先生，多收一位有什麼關係！是件好事呀！

好吧！下星期一，可不可以到團部接受考試？

似乎被侯伯伯的情面說詞所逼，提出了解決之道。侯伯伯其實僅見過我寫的姓名，此外一無所知，望著我作敢不敢接受考試的決定神色；當時靈光閃閃，意識到是難得的機會：

我願意去考試！

問題如此解決，二十分鐘後的休息也到了，我感激的告別楊團長，侯伯伯帶我回福利社，拿出他的名片，上面有他永和住址，邀我星期天到家裡用午餐。我一再道謝，並未意識到是大恩人，將改變我一生的命運；可能章回小說看多了，認爲幸運地遇上憂人之憂、急人之急的「俠客」。待侯伯伯回禮堂，曹鄉長介紹到：

侯暢先生，是我們縣內的大官、名人，他是少將任過縣長等要職。這裡是「革命實踐研究院」，諸多重要人物在此短期講習！難得呀！他不認識你父親，不待我的介紹，僅憑一面之緣，就大包大攬，要解決你的職業問題，賢姪！我真為你慶幸

他似乎也不知楊團長，是什麼團的負責人，而沒有任何地說明。但這是我一生中最寶貴的巧遇，在此後每逢重要的關頭，和遭受的困難及疑難，侯柏均伸出援手，或加以指點，幾「無役不與」；我體會他真是樂於助人的長者，甚至以後我和他熟習了，代不認識的鄉人長輩，提出解決職業困難等請求，也從未碰壁，招致他擔任過「武陵高中」、「海山高工」等校長要職的賢郎－侯建威大哥，屢含有醋意地道：

我老爸待你超過我多多、一談超過幾小時、任何請求都答應。我呢，只是三言兩語。⋯⋯

顯然不會超過他家人父子之情，但卻係對我的重視，他擔任了考試委員，其

後我發表在中央日報的某些篇章，認爲與他的研究領域有關，竟然剪貼收集，不只是寵幸，而到了忘年交的地步，這次「巧遇」、不過是重要的起點，故而不僅感恩，其後承其謬許是忘年相知。

（三）抓一盒泥鰍送禮

星期日赴約，我沒有可以打扮的服裝，但認爲不能不帶見面禮，大概受到讀孟子一書，出疆必載質的影響，但無餘錢，也不知買何物品？便見住地水溝內的游魚而起意，使出了空手撈魚那兒時練就的本領，抓捧了不少的泥鰍，用鋁製大飯盒裝著，當我按址到永和侯府拜謁，侯伯伯伯母，見到了這些活禮物，哈哈大笑，伯母大概覺得太奇怪了，擦拭眼睛，似有淚痕；以後不時提起，成了有趣的話題，當時便大有讚賞之意。其後更是憐我、助我、讚我的大貴人。

這次的餐約，不純係鄉情或聯誼，侯伯伯介紹了「青年服務團」，當時設在台北市的大直，是政府收容大陸來的流亡青年，解決職業、職訓等問題，更是人才的儲訓，考核和待用之地。團長楊爾瑛，上任團長上官葉佐，乃創辦人，現在

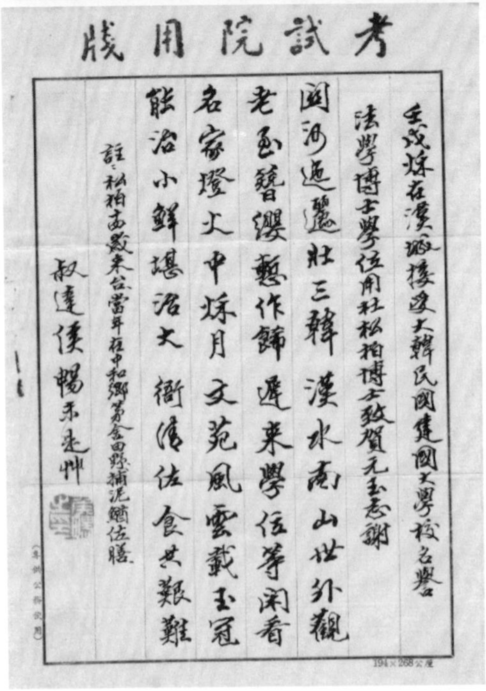
考試院用牋

壬戌秋在漢城接受大韓民國建國大學校名譽
法學博士學位用杜松柏博士致賀元玉志謝

國游遍遷壯三韓　漢水南山世外觀
老至簪纓慙作飾　遲來學位等閑看
名家燈火中秋月　文苑風雲載玉冠
能治小鮮堪治大　衙清佐食共艱難

註：松柏函邀來台，當年在中和鄉曾拿田螺捕泥鰍佐膳。

叔達侯暢未定艸

194×268公厘

上圖九：侯伯父暢字叔達。侯伯母龍氏。
左圖：三十餘年後侯伯伯得博士時，尚以泥鰍入詩。

細想，更有俠客傳授武功的套招用意，囑咐我填表格應考時，報衡山中學高中肄業，以符合該團的收容要件，他明白說了這些。使我知道「青年服務團」比之那圖書館，不是同等級，將來發現，更大有不同。

我應考了，面見團部第三組組長王景濤先生，填表之後，考試就在其辦公室舉行，僅考一篇作文，題目及內容均無記憶，但我用的是文言文，乃私塾所素習，「白話體」則欠學。我迅即被錄取了，也知道團內真有招考的一類，但限於能歌能舞的才藝青年。我的職別是少尉團員，經過爲期三月的訓練，我以第一名結業，升爲上尉，分派在「文教大隊」服務，大隊擔任的是勞軍演出及服務等任務，似乎當時軍中尙無康樂隊的組織；我見到了大隊盛大演出的「勾踐復國」大型國語話劇和說學逗唱的相聲，載歌載舞的歌舞，我全無這方面的才份，曾扮一龍套而無對白的「匪兵」，被俘時竟裂嘴而笑，當時被檢討「不入戲」，故其後只能擔任的是舞台裝置，拉幕布，搬道具等類；有最深刻的記憶，是至復興崗的政工幹校的演出時、裝帷幕而梯子無人扶住，滑落舞台，轟然大響，竟未受絲毫的肢體傷害，只是驚嚇了自己和工作夥伴；意想不到的，不久我考進這所學校，若干年後，又以校友的身分，回到同一舞台作演講，大起人生如戲的感觸。我大隊曾多次至馬祖等外島勞軍，我以任「務編組」，與中隊長蔡明（後改名蔡少明，創辦了青年中學，曾是赫赫有名的新聞人物）。共同工作，成了他的部屬。

團內設有軍中大隊，擔任對軍隊的文化教育活動，上課時被稱爲「小老師」；復有民眾大隊，似乎負起組訓和服務民眾的任務，我不知其工作項目與內容；隨後發展而團內受命成立的「財稅人員訓練班」，擴大爲「行政人員訓練班」，漸進爲「行政專科學校」，「法商學院」，曾併入「中興大學」，以後獨立並成爲現在的「臺北大學」；「青年服務團」後改組爲「省訓團」，喬遷至南投的中興新村的「臺灣省政府」附近。流亡青年們，成了建設台灣的主骨幹之一。在文教大隊之中，有張學傑、李扶參、王子平等隊友，他們是念了大學而流亡失學的青年，是我當時仰望的對象。

我加入青年服務團，不僅解決了當時燃眉之急的職業和生活問題，並未能有那受教育的深造機會，上述的行政人員訓練班等，雖係對團內人員的內招，我絕對享受有報名應考的資格，但學歷證件呢？我知道很多應考者的證件是僞造的，主持試務者也不會不知道是偽造的高中畢業或同等學歷等證件；找到偽造證件的「門道」也非難事，甚至有人相告，用肥皂刻校印便成。可是在逃離大陸和輟學時，僅十三歲左右，何能入高中就讀？但機會來了，我不需任何學歷證，而以一紙從軍獎狀成了應考的資格，如果不在青年服務團，可能不會對時事的敏感，如果不是加入集體的從軍行動，決然不敢也不會報名從軍。

（四）寶貴的從軍獎狀

我大概於民國四十三年來台，這年冬季入團，找出了有時間憑證的「結業證書」、明確地記載：

團員杜松柏，係湖南省人，現年貳拾歲，在本團受訓參個月，期滿成績及格，准予結業，此證。

發證的時間是中華民國四十四年十一月某日，可以補足空白記憶的，是發證人楊爾瑛之外，有副團長林作梅，我當時完全不知有這位「副當家」，本團是「臺灣省青年服務團」，證書上卻無省主席等簽名發證的標準官式慣例，顯然此團有其獨立性，臺灣省府可能僅是「出資人」而已。

深入檢討，在團時間，約近二年，因爲受訓，不定時的演出和勞軍工作，以前在香港寂寞而無友，此時接近了諸多省籍不同，教育程度不一，和我從未感受過的演出才藝人員；現在回想如果有今日的電視演出，隊友朱正和必然是說相聲的大師級人物，王子平的二胡獨奏，金祖嘉的飾演越王勾踐，宋玉蘭的演皇后，均有明星架式；李扶參以克難方式製成的化妝油彩，極具水準。我愧辜負了崔小萍大師級的「表演術」、王紹卿的「戲劇概論」、李天民的舞蹈等課。此一薰陶和藝人的生活方式的接近，我有了頗多愛護我的大朋友，如在基隆河駕駛團內具有的龍舟，划到圓山植物園，不購票闖入的夜遊等，也有了一定的收入，生活自由而浪漫，我認爲是最不用心和不用功的一段歷程。

大約在民國四十五年的春天我海軍太平艦、被對岸的魚雷快艇襲擊沉沒，那是震驚人心的大事，有象徵兩岸的軍事衝突再起的不祥之兆，當局似乎難做出軍事回應的大動作，而蔣經國先生領導的「救國團」，發起了振奮人心的「從軍報國、建艦復仇」的運動，我大隊的青年、快速地響應了，王耀華、張浩、常世傑和我等，報名要從軍報國、不知是如何發佈了新聞稿，我的姓名首次出現在中央日報等的版面上，不久領到這被稱爲「從軍獎狀」的證書，頒發到手裡，不久成爲我寶貝的，可視同高中畢業證書的文件。至於海內外建艦復仇的建艦捐款，有人悄悄地耳語：「不夠買進一顆魚雷」。我和多數人一樣，沒有注意此捐款及後來能否建艦的發展。

（三）如此考上政工幹校

「好鐵不打釘，好男不當兵」，除我湘人外，似成了普遍的觀念，尤其太平的日子，誰願意加入紀律嚴森，隨時有投入那生死一線之戰爭中呢？救國團的「從軍復仇」、卻切實地激勵起了一時的熱潮，雖然不足與「一寸山河一寸血，十萬青年十萬軍」的波瀾相比，但之後有了入伍入營的行動，政府也沒有虧待這批血性青年，而按學歷志願編入軍事學校或訓練班隊。我錯失這機會，乃因隨緣至馬祖勞軍，足跡踏遍南竿、北竿、烏丘等地，吃厭了黃魚、鯧魚、蝦皮等海味，經驗了魚鮮如果沒有生薑、酒、足夠的調味，頗食難下嚥。但嘗了號稱最美味的「海蝗」，也許係「搶食」之故，彼此自嘲爲「豬八戒吃人參果」，沒有吃出味道。我在蔡明先生領導下，出版了油印報紙，將時事要聞、團員慰軍活動及生活花絮，湊足一張八開紙的版面，加上刊頭，刻鋼版油印，竟然頗受歡迎，成了工作成果之一，信而可徵的工作紀錄。但沒有產生我投考政工幹部學校業科班一新聞組的動機，最大的原因，是不知道有此組系。

服務至三月間返臺，接受了救國團胡軌先生主持的接待，隊長左正誼作了情文並茂的工作成果簡報，胡軌大爲堆許，面斥參加的記者先生，只注重捧影戲明星，卻當面忽視了我們團員是服務明星。……餐會之際，我打聽了我們從軍報國的實況，隊友王耀華已加入某軍事學校，因爲他未隨隊至馬祖，而「近水樓台先得月」，傳說也係隊友之一，乃他的女友，竟辭職到他的學校附近租屋「陪讀」。

當時我得到了明確的訊息，下年度軍事院校招考新生時，憑從軍獎狀亦可報名，不必繳驗其他證件，真是大好喜訊，我沒有高中肄業、畢業證書，居然可以報名應考了。在團內，陳善伯伯和衡廬的劉琳，已成爲行政專修班的學員，畢業後陳善伯伯入了銀行業，劉琳則至財政部國庫署，成了「要角」之一。此時我與侯伯伯保持若即若離的關係，因爲侯伯伯職位頻換，官運亨通，極爲忙碌之故。當我特稟告「從軍」和報考「幹校」的原委，他極加鼓勵，認爲是正途，出我意外的表示他曾擔任少將軍銜的政治工作幹部。讓我多了這方面的見聞，堅定了決心，考前增加了準備。

民國四十五年七月間，我考上了「幹校」，似乎「從軍獎狀」，並沒起有加分的效應，但已用不著加分，竟能「查明須向榜頭看」，被第五名錄取，我高興已極，在內心喊道：「我來了！在那舞台演出滑倒的地方」。

繼伯父之後，我成了軍人，他老人家以上尉殉職，其後我以上尉退役，沒有掛上閃閃的「梅花」和星星，同學少年，大展長才，肩扛星星的，達二十餘人；完全想不到的，成了我闖衝博士的教育起步，在四百名多同學之中，是唯一擁此頭銜者，令我汗顏——「杜博士」，成了同學相見的共同稱呼：隱隱地合乎「愛拚才會贏」的話語，我不敢用這詞彙，雖然我曾拚過，但是「闖」字，更能表出力爭上游，而且我是「凡魚」的莽闖，「博士」是未曾奢望的「龍門」，竟然能跳過了「龍門」，不完全是「愛拚」能贏，諸多政策給予了機會，師長的鼓舞和恩澤，「退除役官兵輔導委員」長期的關照等等，何況若沒有這張從軍獎狀，功同高中畢業的證件，我就不能報考，可能所有國家的教育史料，大概找不出這樣的先例吧！

五、軍事訓練的淬鍊

我考上政工幹部學校，因緣奇特，已如上述，但更特殊的，是學生的成分，首批約二百餘人，而我們來自社會，被管教幹部稱為社會青年，實際的意義，是未加軍訓雕琢的「死老百姓」，僅有二十餘位成員；相對的是來自三軍和軍事機關的現役軍人，有的年齡大了許多，竟有帶中尉官銜而來的帶職學生，我上尉團員的頭銜，列不進「帶職學生」之內，仍是老百姓；以軍官的養成和年資，那有二十歲成為上尉的，不知「黃埔軍校」的畢業學生，是否有此先例？軍中同學實際上仍是大風暴下的逃亡者、流浪者，有的是走投無路被逼「請纓」而被招募；有的是部隊因補充人員而被抓來，至此殊途同歸而入幹校，在受軍事訓練時而水準不一。其後又加入了「竹子坑」、「車輪埔」以義務役而受軍事訓練的高中高職的社會青年約一百餘人，在我們受畢鳳山陸軍官校八個軍事教育之後而加入的，幾乎全是台籍人士，共同唱起了「看！陽明山前革命的幹部」的校歌，形成了如今所謂「兩岸」青年的大結合，僅有鳳毛麟角的海外僑胞青年，共同在此「革命洗爐」中受洗禮。

圖十：我的學生照

圖十一：我以男生入住木蘭村

圖十二：在此演出、入伍、及演講的中正堂

圖：王昇校長與李國智學長（僑生）

（一）「陸官」教場的炎陽

我們二十餘位的錄取學生，最先報到，受到學校特別的禮遇，是住進名滿三軍的幹校「木蘭村」，第四期的「花木蘭」們，其時恰已畢業離校，留下了可以作芳艷想像的「空巢」，爲了先期淬勵這批「死老百姓」，學校派了一位線兵出身，基本教練動作標準的窗友劉大和，成爲我們這批「社會大隊」的教育班長，進行訓練；與我同床而有左鄰右舍和上下鋪關係是來自香港的張振亞，以後肩掛雙星，擔任過海軍總部政戰主任;熄燈後,仍喃喃自語的董今狐，以後是康樂隊、演藝界台柱之一；因「青年服務團」好友的介紹，結識了考上公立大學、無能負擔學費，而考入本校新聞組的蔣金龍，也是伶仃孤苦、隻身來台的流亡青年，在流浪成長中，沒有住所，靠睡某校教室而完成高中教育，在入伍訓練中撕下一頁頁英文字典苦背，其後成教授，出任母校新聞系主任；我們已感覺到大和班長的要求嚴格，但最大更嚴厲的淬鍊，是在鳳山的陸軍官校。

在軍中也被軍事幹部私下暗稱「死老百姓」的是政工人員，當時學校的掌政者，似因洗刷這侮辱性的稱謂，決定由我們第五期到陸軍官校受爲期八個月的入伍新生訓練，稱之爲軍官養成教育，改唱「黃埔軍歌」、「怒潮澎湃、党旗飛舞，這是革命的黃埔」。…以求「脫胎換骨」。在這年九月下旬，我們投入不太有人性的革命洪爐中，接受考驗。服役軍中已久的同學，多能完全適應，覺得受磨難的，是被稱爲「死老百姓」的我們。對他們而言這重複的訓練，不是時光的浪費嗎?在一年八個月的學習中，尤其是新聞、體育、音樂、影劇、美術等科，僅餘一年的專業培訓，何能完成繁雜的學習科及才藝養成?後我們一屆的第六期開始，改制爲四年大學制，也是軍事教育和民間學制接軌的開始，軍事學校的畢業生，以學分制也可獲得大學、理工等學士學位。基本的原因，在吸收社會優秀青年，投入軍中，而改變「死老百姓」的陸官軍校入伍淬鍊，便告停止，原因不明。

陸官校的入伍教育，我編入本期學生隊的第二中隊，隊職官是陸官校騎兵科畢業的留校優秀份子，畢挺的騎兵軍裝，發亮的馬靴，映日反光的馬刺，真是威風凜凜，隊長劉士廉的氣度和風範，令人仰慕。但立正、稍息等口令，洪大而悠長，以後才知道，是訓練馬匹而習慣了的原故。

當然操場上的基本教練，是起碼的，要做到立如松，全神貫注，彷彿「泰山崩於前而色不變，麋鹿興於右而目不瞬」才合高度要求，連用餐入座，也要求雙手負於背後，雄糾糾、氣昂昂，不受飯菜色香味的誘惑，這等等的外在表現，冠上了由外而內的理論符號；野外訓練，是由單兵攻防，到班教練、排教練，我們爬翻、走過了附近的山坡，如和尚坡、望雲坡、把子藍山等，當地民眾可能會不知地名，乃教官所命。大約四個後，才輪流接受步、騎、砲、工、輜的分科教育，最有印象而堪回味的，是騎兵教育，當踏凳攬轡，坐上馬背時，不由緬懷成吉思汗的鐵騎和雄風，而意氣風發，似忘了自己是政治工作人員和學生身分。實際上只學會了一些接近馬的膚淺常識，和掌控馬的起步，停止的基本技巧。

八個月的全程訓練，頗有諸苦備嘗的況味，個人的總感覺，是鳳山有從未歇息的驕陽，在逾二百四十天的日子裡，似乎沒一天下過雨，連陰天也難得，至全身常汗透，天天黏貼在皮層上。我和某同學，放假時風聞蔣總統的愛孫蔣孝文，正受教育班長穿雨衣、晒太陽的懲罰，前往一探究竟，果如所聞，他卻以雨帽蒙頭，未見「廬山真面目」而返。當然有規定的放假天，但隊職官甚嚴格的檢查服裝儀容，學生兵是上等兵的待遇，每月所得，扣除理髮、軍服洗燙、肥皂用品之外，我已無餘錢，上街要不停舉手行禮，日晒口渴，難得有吃冰的用費，幾乎星期日全是留校天，所幸的是能不在太陽下活動了，成為一大樂事。

(二) 單槓的吊爐烤鴨

我因長期的流浪而營養不良，留下了頗嚴格的後遺症，與蔣金龍同一後果，體弱而體重不足五十公斤。入伍期早晨要求跑一千五百公尺，上操場的術科，常透支體力，汗流浹背；入教室的學科，雖強打精神，仍打瞌睡；最惱人的，如單槓、雙槓、跳木馬、木箱、爬繩梯、竹竿，完全力不從心，而全隊又採以班、區隊為單位的各項體能競賽，個人的優勝劣敗，影響了整體名譽的榮辱，單槓要「舉腿上」，便難如上青天，每晚自習後，常常是我和蔣金龍，在班長的扶助和監督下，在單槓前練習，根本達不到要求的基本水準，掛在單槓上死纏惡鬥，自我嘲笑為「吊爐烤鴨」，直到比賽之後，方停止這吊掛。

我由私塾、小學、初中，幾未折疊過棉被及撫平床單，此時整內物，要求棉被折疊如豆腐干，不但要有稜有角，更要面面平整，線條直立，完全難住了我；檢查不合格，常罰在午餐後，驕陽下一再重疊，或抱著棉被跑步；睡在我左側的是體育組的陳遠龍，其後是籃球教練和裁判，擔任過國手訓練營的總負責人，他是我此時的「貴人」，「頑劣」不馴服的棉被，在他魔術般的手掌下，三兩下成了「豆干」，每天常助我完成整內物，免除了我多次的受罰而出洋相。

「合理的管理是教育，不合理的處罰是磨練」，成了隊職官的「口頭禪」，如用餐；就寢後超過音量的語音，發覺後竟有時處以口銜青草，每次解散入教室，抓最後三名跑操場若干圈，教職官任意作為，最不合常理的是自承曾為基隆的「太保」學生，會說冷笑話的崔可清，某區隊副夜間失眠，召他說笑話，他堅拒不從，被罰不停的向左轉、向右轉，至區隊副喊累了，仍未遷就，乃命他自行左轉、右轉，最後「赦免」時便倒在地下。這不是磨練，而是苛暴。

我有類似的經驗，受訓將期滿，熄燈後語音不絕，值星官宣布：

誰在說話，罰五十次伏地挺身！

我居然敢大聲回答：

沒有問題！

當然挑戰受罰，但唐班長並未監督執行，淡淡的吩咐自行記數，便轉身離去，意在放我一馬，但我確實做滿了五十次，自覺姿勢標準，行有餘力，身重增到五十六公斤以上，總的感覺是食量大增，餐餐飯不夠飽。體魄練成了，更在上進之中。我完全能接受嚴格的訓練，而反對侮辱性和不和人性的處罰。

國軍的組建和發展，無論是陸軍爲主的「党軍時代」，進步到陸海空勤的多軍種，而黃埔建軍、黃埔傳承、黃埔功勳、黃埔精神等，是組成、訓練、要求等等的重要項目，陸軍軍官學校是搖籃，是象徵，各軍種的領導人，幾無不出身黃埔，而「國民革命軍之父」的蔣介石先生仍在繼續領導，雖挫敗來台，當具奮發整軍經武之際，基本的傳承和精神等自必確保而加以發揚。合理的管理是教育，是極基本的；不合理的處罰是磨練，真是如此而合理嗎？其後我服務軍中，不合理的處罰，以及命令要求等，層出不窮，不是軍事學校訓練、養成教育中，所胎孕的影響和後遺症嗎？這一管教原則加在我們管理時，不當的處罰如不接受，便是召見、告勸、斥責、申戒、記入考核記錄等，隨之而至。當時同學的反應是㈠

不敢言、不敢怒。㈡不敢言敢怒。㈢是激而反抗。㈣隱忍待發，以後走著瞧。苟如此，全軍中的大小部隊能協和團結一心嗎？「親愛精誠」的總校訓，何能落實？我更追思過，由此而任其發展，後果甚爲嚴重，反對反抗之外，便是奴性的接受，順民性的聽從，自然而然服從權威、權位，也具有便於統一指揮的好處，但極大的惡劣和醜陋面，是可能失去大是大非、大順大逆的判斷，智、信、仁、勇的武德，無從養成和發揚；更多的是當面阿諛負責，轉身變臉背叛之流，陳水扁任總統時的「扁帽軍」，「您是我的巧克力」，雖然有求權力、得高位的其他諸多因數，但壞了根本的人格教育，乃最大的原因。時至今天，有了諸多的改進，多礙於外界監督批評而起的應付，但要徹底由心理，精神廢除「不合理的處罰是磨練」的原則才行，因爲部隊真正的磨練，是嚴格的體能、戰技等的訓練，我從未埋怨單槓的吊爐烤鴨，因爲補救了我體弱的缺失，補強了衝的精力，否則我也是今天所謂「草莓兵」。又如今天世界性的「超級戰士」，所受的都是魔鬼訓練。但不是有人格侮辱的不當處罰。

（三）又背古文的日子

回到復興崗，多了新同學，增加一些對台灣語言、生活、習俗的瞭解，但因他們假期假日，有家可歸，有親可探，又較為有錢可用，但無對立和攻訐隔閡之處，據我以後的瞭解，其後各自發展，在職位升沉上，沒有打小報告類的小動作，更是我在金門時與新聞組的粘振友、李麒麟，常吃小館、逛大街、舞文弄墨，愛到同學服務單位走訪的三人行；「李」這位健壯、善草書升至中將的成功者，常自豪的，是走在金門街上小姐之後，故意掉鋼盔，逗其回頭，甚至一笑時，大聲說「謝謝」，對方錯愕不已，我們大笑不止。粘振友升至青年日報總編輯、副社長，也是我的圍棋指導師，他有上段的棋力。二人都是八個月入伍教育之後才入校的。

復興崗，原是養馬場、無地名可記，同學初始住的是鐵皮房，一至三中隊是本科班，軍職訓練的專長是政工官；第四隊是業科班，有新聞、音樂、美術、體育、影劇等五組受「業科」教育；我受了毫無實務依據的參謀作業等課，但有教案可閱讀參照，卻引不起興趣，一頭栽入了朱生豪所譯的莎士比亞戲劇中，在隨堂教案的掩護下，偷偷讀「禁書」，勤勉地做了佳言妙句的札記；同隊記憶最強、思想智慧早熟於其他同學的楊華銘，他和朱光熹，讀了很多新詩，最崇拜詩人「楊喚」，而筆名「繼喚」，我曾厚顏與之唱和，其時我不成「氣候」，勉強可列入朗讀詩一類而已。

在一年中，最可道的，是又背古文。校長王昇將軍，在我們就讀期間由上校再恢復升任少將，常騎著腳踏車，到各班隊的教室巡堂。我們知道，他是蔣經國先生贛南任專員時的追隨者，來台後與李煥成爲襄助的左右手，一次報告經國先生留學俄國的經過，蔣被打成「托派」，遠放西伯利亞礦區勞動改造，迢遙旅途，類似行乞的辛苦，某日夜間，因風雪而躲入直立的垃圾桶中，翌晨以疲勞過甚未及時離開，被贓物迎頭蓋面傾污全身；作工時、挖黃金、又睡在盛黃金的木箱上，吃的卻是不夠充飢的黑麵包；真是流離辛苦，幾死於異國的荒野等悽苦，女同學有的同情飲淚，我呆坐在木椅上，他能以總統長子的貴重，安然度過類似流亡流浪的生活，感佩悸動之餘，以後任人半諷半捧，認爲是他的學生或「嫡泒」，我由衷地坦然接受，但事實上的距離卻非常遙遠。王校長字化行，另一次夜間中正堂的緊急集合時，滿月當空，人影在地，四周寂靜無聲，他紓緩清晰、略帶磁性的聲音，似從天宇中伴月光洒下，講的大概是西方哲學重要思潮在歐洲的發生和進展及影響，我不善言辭，自恨有湖南腔的怪聲調，聆聽了既感動、又近乎癡迷，認為有「天籟的韻味」，也擴大了視野，有深入心靈的「悸動」，至今仍似語音在耳。

每學期不斷推動，而又大會四隊學生師長舉行的，是每一學期教學過的古文篇目，加上經史子集中摘取的章節，如《禮記》的〈禮運大同篇〉，老師教授後，每周熟讀了再向隊職官分別一對一地背誦，不背熟通過，星期假日，不准外出，分別負責的管理幹部，有急切盼望回家的，只有「捨命陪君子」，不能有二話，有牢騷也埋在心裡。這強壓之下，學生人人奮勉，多少人在朗月，路燈下默誦背記，尤其放假之前的喃喃聲，和跟在隊職官前的要求背書，大有當年私塾的背書場景。在我而言，只又是背古文而已。學期末，在大禮堂，高會師生，一隊抽籤抽出約五人背誦，實是背溫書，流暢通過的，又究問文義，求其解釋，表現最佳的，贈送獎品，突出的一次高潮，是校長當場拔送口袋佩用的高級自來水筆。我因流浪生活中所受風寒，兩膝蓋關節出水，至北投某軍醫院，每周抽「水」一次，因而豁免大半年的大小勞動和建校服務，如挖魚池，通排水溝，糞土方蓋精神堡壘等粗活，轉而負起製籤的書寫工作，每枝寫上兵籍號碼、姓名等，有同學玩笑式拜託我，放他一馬，免寫其名姓製籤入筒。如此掀起讀背古文的高潮。我大受實惠的，是其後師大國文研究所我應考時的國文試題，竟是「大道之行也天下爲公試申其說」，居然題目中考生，得了八十以上的高分，幸而上榜，跨入了碩士班。這難忘的歷程，曾草成〈托根泰山阿〉一文，在中央日報刊出。

（四）離校寫書的諾言

民國四十四年九月十五日入學，民國四十六年六月九日畢業，受訓期間一年八個月；一張把掌大的畢業證，如此奇特的記載著；後面在年月日之上，卻蓋著皇皇的總統之印，沒有任何學校的畢業證書，有如此的形式吧？我極珍惜，因爲是流亡流浪生活的結束，就兩岸當時的仇視敵對而言，「建艦復仇」，也是出而復仇，而且不只於我家族的仇；校園內有頗多的前期學長在東山島戰役殉國的人名而命爲某某路的，似在踏著他們的血跡前進。

畢業前期「不怕死」、「不愛錢」、「不求名」等之後，發起而通過「不自私」運動，也是政工幹部的精神動員方式之一。在這口號之下，訓導人員輸入了「走向基層」，「深深地埋下去，大大地長起來」，我僅知道，我們可以分派到陸海空勤的任何單位？卻不太明白在將來會有什麼不同？都換下學生領章、帶上一條槓的少尉軍銜，較神氣的，是海軍的雪白制服。但能深知差別的，顯然只有來自軍中的同學了。分發命令到手後，極少數竟是到「反共救國軍」，要到馬祖的某小島報到，大爲詫異，因爲不知是何軍種。

畢業前夕，學校大張旗鼓，要我們自由抒懷，立下諾言，「寫離校十年奮鬥計劃」，很多同學認爲校方管的太多了，也太遠了，有的認是爲長遠的關懷，我卻認爲是立志的另一形式。但無疑是「高招」，在激發每一畢業離校者的腦力激盪，認真的人，也許會視作「神聖的諾言」，視學校如神壇，莊嚴的表達個人的誓言。但也懷疑，有人看嗎？會建檔嗎？能列入考核和畢業後的連繫嗎？我猜測：內容應是千奇百怪，傳說三軍大學的某位學員，是高級將領之一，讀訓心得只有

「領袖萬歲」四字，不管是不是言簡意賅，但絕不能抹滅這四個的威力及涵義。如果今日將當年四百多份的「諾言」，作同學的個人史資展出，一定精彩可期，我最有興趣的是以「宇宙偉人」自許的陳禮源學長，以後出任「南僑食品公司」的總經理，「東元電機」的常董錢楨源學長，綽號錢多多，白紙墨字的諾言爲何？不是「竊秘」，而是同學情誼上對其理想的關懷。其後帶上一顆星、二顆星的，鐵定當年的「諾言」不會是作大官吧！在少尉才掛上的階段，那真如雲中星星，雖光芒閃耀，但可望而不可即。

我許下了十年之後寫一本書的諾言，如果說是理想，更似無意識的憧憬，或如買愛國獎券要得第一特獎。三年之後，寫下「素珠與我」的中篇小說，由金門戰地報紙「正氣中華」刊出，但未出書，似兌現了諾言；但夢想不到的，民國六十年七月間，獲「國立台灣師範大學國文研究所」的碩士學位，學位論文〈宋朔閏考〉，由「師大國研集刊」第十六期出版，我以不確知何年月出版？至民國六十五年八月，衝獲博士學位，學位論文《禪學與唐宋詩學》，迅由「黎明文化」公司梓行，才自認真正的寫了一本書，已超過了十年，據民國四十六年畢業時的許諾，已十九年矣；稍後的《禪是一盞燈》並進入「金石堂」書店暢銷書排行榜，數量在一萬二千冊左右；又二零零八年二月，由對岸「海南出版社」印刷，應未辜負當年的許諾。

（五）十年餘年後再見校長

在校就讀，以訖共九年的軍旅服務年限，未能與王昇校長，「一對一」晤見，但博士學位論文面世後，承王耀華先生通知，老校長約見我，其時「化公」已是總政治部主任，三星上將，是極少數能上達「天聽」的通天人物。他當然不知道我離校時許下的諾言。那一天，引進他的大辦室的時候，我記得嚇了一跳，排排坐的候見者，勳獎章羅列胸前，一顆顆地將星耀眼生輝，其時我早已退役，覺得除了國慶等隆重儀禮之外，從未見過如此將星雲集的氣象。我是唯一的「布衣」，在將軍們詫異的目光和低聲的諮詢中見到睽違近二十年的校長；熱烈握手，行見面禮之後，老校長神采煥發，滿臉堆歡，大類種植的農夫，見到了果實的成熟，由他斜靠在椅背上，完全見不到任何做作地凜凜威儀，也要我隨意對坐在大辦公桌前，由祝賀、求學、未來的打算問答開始：

我最難忘的而愉快的，是在學校工作期間，如果仍能任我選擇的話，我仍願意回學校服務

那眼神、語調等，我完全相信此時的真誠，我下巴靠在桌面上回話：

校長：孟子說：「得天下英才而教育之，一樂也」，學生算不上英才，但不進幹校，和透過制度所給的機會，決進不了大學，更得不到這學位。

這完全是事實，不是逢迎。在切身的體認中，如徑由隨營補習教育的高中畢業考試，及格之後，發給了同等學力證明書，僅民國五十年這一年度，我的證明書字號已是。三二四號，此前和此後的各年度，不知有多少人取得資格，我不能隱瞞此一事實，尤其服務戰地和基層，不知此補教的教官在那裏，我們能不顧及訓練和戰備任務而上課嗎？我未曾上過一天的課，這明明是有效的及時雨，以我爲例，在教育制嚴密之後，那張從軍獎狀能作數？能通過教育部的審查而准補修專科學籍的學分嗎？多少人沒有真證件，那假證件能有效嗎？我扼要提及。

感謝那補修專科學分的政策，和那張高中畢業同等學力證書，我才有現在的

機會。軍人能讀大學，這一開放，使多少軍中青年，有了出路。

化公校長，正是以上重要措施的大推手，他點點頭，我們是花了很大的力氣，協調教育部和教育廳，真不容易！

我的話，點到校長心中的癢處，更是事實如此，二次表示告辭，因爲等待進見的人很多！

沒有什麼！讓他們等吧！

約四十分鐘後才告辭，其後小道消息，校長約見後，告知了政三處處長徐靜淵將軍，他是我入校時隊上的隊職官——少校副隊長，五期同學成熟了吧！杜松柏已得了博士學位！

傳說徐副隊長意有所指回道：

當然成熟了，不久都要退伍回家！

軍官任職，每一階段，有嚴格的停年限制，屆時不能晉升，認爲已沒有發展潛力，便勒令除役。我的進見，產生了多多少少及時的影響。同學中之後當即有多人調整出任師政治部主任等要職，不久先後榮升將軍，最早的是丁憲顯、游景美等三位，我被邀參加慶祝餐會，賦詩致賀！
「回首望雲坡上日，昔時同學現將軍。」
「望雲坡」是鳳山入伍教育時的教練場之一。
更由於這次的進見，回想在學校時，新游泳池揭幕，特請教育部長黃季陸來校主持剪綵，化公校長派當時「蛙王」艾國炎，在黃部長下水試泳時做保駕，知情人士說：
艾國炎替黃部長保駕，部長替學校保駕！
繼五期之後，致制爲四年制的大學，與之不無關係。
我因而引發了對古代文武大有不同官制和學制，曾作一些探討，記得塾師胡覺先念過如白居易的〈琵琶行〉、〈秦婦吟〉意境頗相同的〈嘲武秀才入聖廟〉歌：
也帶一頂冠，也穿一長袍，也來入聖廟；顏淵喟然嘆，嘆其不同道。子路聞之喜，有日率三軍，派他打馬料。
古來文武上朝時分列朝班；出將入相的，多是文官；當時受教育時，所謂「窮文富武」，窮人進私塾已不易，習武的，更要延請能教騎射、武技的師傅，設教練場地等，弓矢刀劍諸兵器，費用昂貴，打熬筋骨，要有充足的營養食物，故而「文」「武」教育分途，極爲自然。來台後的國軍，在教育上要「文」「武」相通，真談何容易！就軍中的統御指揮而論，誰願讓部下，進公私立大學讀書，念夜間部等等呢？尤其年齡、能力、職務等，不容許其進公私立大學的進修者，則妒忌他人的如此發展，自然將大加阻撓，可見這開放措施制定和實行之不易。我的得博士學位，成博士論文這本書，有諸多此類看不見的困難，能不感謝移「除攔路虎」的有力人士嗎？

這更是政府的主動、積極作爲，使人才自奮而起，力爭上游，產生了蓬勃的朝氣，社會憑添了活力。同樣的政策，及於產業界，以「經營之神」王永慶爲例，當初的發跡，僅是成功的販米商人，相傳李國鼎等有力人士，因他其時在銀行有一百萬台幣的存款，主動地找他、勸他、教他、輔佐他，經營方起步的塑膠產品，其後鴻圖大展，成爲台灣屈一指的大企業家，全家族投入了，以復台灣對外貿易，在賺進以十元爲單位的計算，便曾有「台塑」三寶的一塊錢，是世界性的商家。

如果沒有政府的主動作爲和扶持，會有此「經營之神」嗎？大概止於成功的米商而已。所以形成了台灣奇跡。最有力的反證，是李登輝之後的注重意識，形成了內鬥及鎖國，陳水扁繼之，可顯見的結果，十餘年之久，公務人員無法調高薪資，工商業蕭條，工資下滑，全民收入縮水，失業率增高，是人人的最疼。陳水扁不但鎖國八年，而又用人惟私，破壞官制、官箴，貪腐日盛，使台灣全面向下沉淪，「有夢最美」，因政府的不公和無力作爲，而使人幾乎「有夢皆惡」如燒炭自殺等，相繼不絕。我其時若遭逢這政治意識的治國和形成政策，能得到那張因隨營補習教育而考得的高中同等學歷的畢業證書？因爲應考的幾全是外省人；高考及格了，能軍職外調到總統府嗎？鐵定不可能；而以博士論文兌現離校時的奮鬥諾言，自係「南柯一夢」了。

我感恩學校，遇到諸多培育我的貴人，但畢業五十後有詩誌感：

明恥教戰，反攻復國的潮湧年代，
你我在復興崗的舊馬場，鳳山的荒丘地，
力行焠礪，

縱口銜青草，唇吻泥塵，
把跨下般的辱罰，視同磨鍊。
圖當大任，力挽狂瀾，
扭回歷史的錯，
肉食者的卑。
午夜的衛哨，伴著喃喃的誦讀，
火炙的鐵皮房，起著一波波鼾，
林覺民、秋瑾是追求的典型，
孫逸仙、黃興的志事在胸中，
實質是古監軍，
近代俄式黨代表，
但期許而高唱；我們是革命的先鋒！

回溯已往，種種如此天寶遺事。博士論文不能如何？應只是在逃命流浪中，未被磨滅的努力，及可追述的記憶。

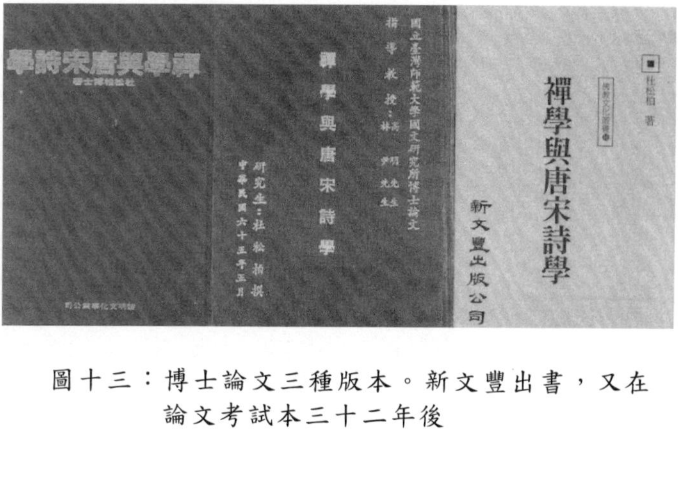

圖十三：博士論文三種版本。新文豐出書，又在論文考試本三十二年後

六、九年軍中的闖撞

畢業了，全期四百三十餘位同學，在學校當局：「離別不是情感的分張，而是力量的擴張的口號」，我們少了離別眷戀，掀起昂然向前奮鬥的期待。之後，我九年軍中服務，官止芝麻綠豆的上尉，卻富有各種莽撞闖蕩的傳奇式經驗，也是人生歷程的多采多姿，作夢也未曾夢到十年後而挾書上大學，成博士，回首顧思，這一年八閱月，不止於築基，更供給了學歷上的資格。服務軍中，無形中仍是另一流浪生活，軍人駐無常地，「鐵打的營房流水的兵」，升遷調職，退役增補，不斷地在離別遇合。初期我軍中的夥伴，大多是撤退來台的老兵，有的常理埋怨是抓來的；也雜入韓戰回台的「反共義士」，是半誘勸，半逼於人生地不熟而當兵；仍是大風暴掃及的流浪者。其後因兵源不足，銳意及攻復國而有義務役二至三年當兵期限的充員戰士及預備軍官。對軍中形成基層的成員複雜，衝突磨合之餘，產生諸多的大小問題，軍中工作、生活、習慣、任務、事物、理念、人際關係等，與民間社會大有殊異，我的基層軍職，夾雜在此衝突和問題叢生之中，尋求解決。又以任職炮兵營，參與「八二三」戰役，三度輪調戍守金門，仍是國共內戰的餘波。但此役之後，則是兩岸分裂的武裝對峙的和平期，我有幸參與而作見證。

（一）連幹事的深切體驗

肩配一條槓的少尉佩件、手持任官令、派遣令、至台中的第一軍軍砲兵指揮部報到，住地在南投縣緊鄰南投中學的軍營，擔任陸軍六零七砲兵營第一連的幹事，其後幹事正名爲較雅順的政工官。砲兵是其時陸軍中最具優越感的兵種，其車輛、大砲、彈藥、觀測器材，射擊指揮計算尺和圖紙，均係科技水準的呈現；砲彈的毀滅威力，迅捷進出戰場的機動力，是戰場指揮官仗以決勝負的兵種。但砲兵官士的自傲，主要是乘軍車飛馳，不像步兵要在山野地面趴趴走。

連長爲砲兵少校叢保志，連指導員係政工上尉王犖群，自認是非「黃埔」畢業的行伍出身，但均有不服輸，負責盡職的強韌性質，而力爭上游，呈現在訓練演習及各種比賽上，潛意識在與「黃埔」出身的軍官爭一日之長短。二人均年長我十歲左右，面對我在軍中經驗的稚嫩，多有指導體諒而無指斥苛求，使我有同是天涯淪落人的感受，而我面對老士兵，更有類似的慨嘆。

少尉是基層的微官，與士官長、連附、行政官、觀測官，同一等級，僅職責分工不同。連幹事並無明文規定的職掌理應只是連指導員的工作助手，但連長可隨時指派任務，我曾聽綽號老牛，牛連附的歌謠式的嘲戲話：

幹事幹事，吃飯幹事。上有指導員，下有政治戰士。

混熟了，這位被我稱爲老兵痞子的北方之強，其實錯了，政治戰士乃指導員的機密性步署，被軍事幹部嫉嫌的打小報告。幹事絕對不能與聞。但幹事的無關輕重，已可顯見。其後部隊精簡，遂被裁撤。

報到不久，果然接到的是整箱的公文，在校全未學過，卻是指揮部，營部評比連級政治工作的文書依據，雖有指導員的教導，實是與所學所知：「閉門造車，出不合轍」，其中有很多的假文書，如從未實施的游泳訓練，軍紀教育試卷，賽跑比賽，一些會議紀錄，無聊更爲實效，只有勉強比葫蘆劃瓢而爲之。大概知道這些虛假，未曾真正依之作檢查而定我工作的績效。我最深切的感受，受益而不忘的有數事：

才報到的第一週，被原擔任紀念週週會的司儀，他係另一營的連指導員，命我作替代，依進行程序指揮官兵行禮如儀，指揮唱國歌、呼口號、俯望台下以百千計的人頭，兩腿發抖，不知如何完成儀式。王指導員事後指點：

他無權拉派你，完全綁鴨子上架，沒有任何的練習和準備。幸而你沒有失敗丟人。

但這次使我練出對大場面的膽量，以後面對上政治課，參加多項比賽，甚至成教師後的上課演講等，能毫不怯場。

連隊上政治課外，晚間的多餘時間，常交給我，說故事成爲家常便飯，我看的歷史、偵探等小說，經過思路的回憶和整理，成了應付的良方，消磨了時間。

在會砲營、指揮部的伙食、壁報、體育等比賽中，均未缺席，而多次得獎頗有協助，我曾是我連足球比賽時的守門球員。

以兵痞自命的連附牛天祿，酒後以酒話開導我：

小幹事，在部隊要有混的功夫，我老牛在混日子，誰都在混。幹部混夠了，昇官的昇官，調走的調走，只求在職時的平安無事。沒有逃兵、自殺、犯上的特殊事故，新兵更在混，天天數饅頭，混到退役。

當時極不以爲然，仔細觀察，不得不認爲甚切事理，很多人的得過且過，不是混嗎？能混的出名堂，方難能而可貴。在如此的基層，如此的職位和氛圍，如何做改革的革命者？我承認，我混過了約一年的連幹事，被砲指部的政治部調代心戰官。我慶幸，在我營的三位連幹事中，均混出了出頭天。我接任的前幹事李顯，他於部隊訓練生活之外，傾全力學英文，後又精通法文，傳說其後受知遇於訪華的法國福熙將軍，得其助而入巴黎大學，被經濟部考用，派駐哥本哈根的「遠東辦事處」主任，實即我國外交挫敗後的商務便節；另位幹事邵希霖，竭力書法，精於隸楷，二十餘次獲書法比賽大小獎，書評家有誇其學顏真卿的成就超過錢南園；後擔任中南部某殘障人士救濟單位的籌辦及執行秘書十餘年，功德無量；叢連長、王指導員也於限齡退役後，考任國中英文、國文教師。總之流亡之士，斐然有以自立，能成家立業，生活豐裕，子女繼之，參與台灣奇跡的締造，本身亦爲奇跡的締造者。在軍中當時有混的無奈，而乃陳力就列，實是台澎金馬的保衛者。

(二)八二三炮戰的獲勳

任連幹約年餘，六零七砲營參加全陸軍砲兵比賽金像的訓練比賽獲得冠軍後，回南投駐地，指揮部心戰官受訓，我奉命代理，此時學校的參謀作家等課方發揮些參照作用，而悠然的有單獨的辦公房間和住宿的地方，事簡而地位權責儼然在營連指導員之間，正愉快的脫出連幹的瑣事糾纏。僅五個月左右，我又自動請求回到原單位的職務，因爲在民國四十七年八月二十三日的傍晚，對岸「萬砲齊發」，猛擊金門列島，揭開舉世震驚，全台恐懼的「臺海戰役」的序幕，大眾驚惶將陷入戰爭毀滅的脅迫中，更恐懼是對岸「血洗台灣」的惡夢。最奇特的是我砲連，在以戰止戰，以砲擊反砲擊的決策下，接受美國由琉球支援的新式自走八吋巨砲六門，在高雄的棒球場受極短暫的換裝訓練，更嚴密封鎖了此消息，全連官兵已向高雄出發，我卻毫不知情，士官長池正仲特來作別告知：我們準備去金門了，你不必參加，真好。我已作了有去無回的打算。

我詢知詳情，方知此次任務，是陸總部直接選定，砲連是比賽金像獎得主砲營的第一連，而擔當重任，要組合裝甲部隊的駕駛，戰車保養技術士官，組成似陸總直屬指揮的作戰單位，登陸金門，去反砲戰！我問及：

何以未通知我歸建？

想不到的回答：

可能大家都忙翻了，不通知你，也許是忘了，也許是好意，讓你留在指揮部，更可能是徹底保密！

而另一原因，是這職位的不關緊要，也不便向指揮部要人。

我以不能臨難苟免，以後讓戰友笑爲賣膏藥的政工人員，急向政戰主任郢鑑波上校表明回連的意願和理由，也拒絕了另調他連幹事而留代現職的安排。趕赴高雄，成了與連長共赴戰場的先鋒，指導員反而類似留守，在這壯烈的戰鬥中，我獲得勇士獎章的「虎賁獎章」，幸而未喪身砲火，和可能死於登陸海灘的自家安置地地雷爆炸中，算是命大。（詳見附錄本人撰的〈扭轉爲局—八吋自走砲奮戰金門之秘史〉、見〈傳記文學〉中華民國九十九年十一月號第九十七卷第五期）

（三）連指導的陣中苦讀

在砲戰期間，尚獲作戰有功記功兩次，加上勛章，只欠一小功，依照勛獎規定，結婚時可得禮金五萬元，房舍一戶，我當時不甚知詳情，也無結婚的對象和打算，故毫未計及。砲戰停止時，軍民物資源源而來，砲連又恢復爲砲營，增加六門開架八吋砲，又添入快迅成軍的十吋砲營，如砲戰再起，砲兵作戰必然有卓越的質的優勢。在此後戰火平息之中，六零七營隨金防部主力部隊的駐防期滿，輪調回台灣，我卻派任六一一砲營第一連任指導員，即增援的十吋砲營，具砲彈的震撼力、殺傷力更大，在試射時，砲位有頗遠距離的民宅窗戶玻璃爲之破裂，已似要塞砲，但缺乏機動力，無發射原子砲頭的能力。全營官兵，均以砲大威嚇力強而自豪，陣地更針對性而遍佈大小金門，第一連連部在古崗，近金門高粱酒廠，砲陣地以鋼筋水泥構造，而分散頗遠，砲陣地具施工單位的估計，可以構建如當時台北市的新生戲院一所，全砲士兵均住砲位內的樓層上，砲彈置在約八人推送的裝彈器上，如古人形容的，箭在弦，刀出鞘，連射擊的目標也已標定，砲的射角及裝藥，均已準備就緒，砲指部規定在射擊口令傳達後，約一分鐘內即擊向對岸。這緊急的備戰狀態，官兵生活卻甚安閒，作戰的技能、通訊等成爲標準規定，一切檢察、操作已無缺失，如古人的「據兵而寢」，以至有一位醉酒的士兵，由樓層跌到砲彈旁，竟未受傷；戰地特重戰備檢查，一切繁瑣的虛假業務，政治考核，多已停止，連官士的年度考績，也停止了二年，可謂政簡人閒；而且由全連的整體生活，分散以砲班爲單位的獨立又隔離的生活，減少了諸多的摩擦和口舌爭吵；我的職位升了，也有幹事和政治戰士的協助，但有爭執和權責摩擦的，是連長和營指導員，暨軍中可畏怖的特殊事件：

一位日常沉默溫馴的射擊指揮所上士士官，忽然發飆，卡賓槍裝上了子彈，聲言要射殺連長；我責無旁貸，擋子彈也要介入處理，快步到現場，他高舉的槍口已垂下，我不敢進前奪槍，先以好言安撫，再告以未釀成槍擊犯上事件，可以和平落幕，從輕處理；他大約理智恢復了，依我的吩咐，將槍掛回原處。當然被帶走，受到頗重的行政處罰，調到其他單位；深入分析，只因離鄉離家日久，年事已高，心情灰暗因小故不滿而突發。我和連長，未受到任何處分。一位羅姓通信班長，面對我發牢騷，要開小差、作逃兵，我淡淡地回道：

開小差，到台灣再說吧！不要害我，等我不幹指導員，你再走吧！

此外沒有派人監控等任何處理，事後知道他已作好捲行裝、交軍服槍械的準備，他竟表示，看我的面子而未走，我自認無此德能，可能我的誠意，加上金門無地可去的提醒，而打銷開小差吧！

一位反共義士，公開揚言，八路軍地政委等，待他親同子弟。政治戰士做了反應，我召見了他，並未反駁，也未安撫，只說：我很慚愧，工作趕不上他們！但是在連上你受到歧視嗎?有不公平的待嗎?他表示道歉!我回以不必，要他記住手臂的刺字，那是一萬五千多人的反共宣言，我們更是在戰鬥中。此後沒有波浪。

類似大小事故，正如大家庭爭吵的微瀾，有的連只要記錄交待，是外界鮮知，軍事人員莫測而側目的安全資料，一位守法奉公的軍械被服等管理的老士官，三、五十日左右，必然要面見一次，無論督責或慰勉，他都欣然而接受，否則便有抱怨和牢騷，因爲疑及長官已忘了他；將之記錄，應是來者的重要參考。記此項資料，我的原則是不能有聞必錄，而傷及任何人的品格、忠誠等，發現的才能及優表現，必加記人。

連指導員最難處的是連長的管教財物權勢等。其時國民黨在軍中活動，砲連的黨員成立各小組，並設區分部，選出委員之後，再票選主委，連長系主委地當然人選，形容爲黨政合一；連指導員爲區分部運作的書記。某屆選舉，連長以他的委員選票，低於副連長頗多，公然要求我而意在指責：

指座，副連長的選票太高了，您要鞏固領導中心，不能拉攏些官兵同志，運作一下嗎？

我直率的回道：

秘密投票，是黨章所規定，無論是官是兵，都是國家的，我能拉人擁護您，是否也可反對您？何況管家的人大家嫌，副連長不當家理事而得罪人，高得票是理所當然，何必計較。如果委員會決議，妨礙了連長的指揮權，我必反對，才是鞏固領導中心。

連長屈於我的言舌，未占上風。部隊要廢打罵，班長排長長不免動粗、惡罵，指導員應公然制止，而常事前不知、事後不能，士兵更怕暗中報身，多有忍受而不聲張，連長運用公費，時有咐囑承辦人，有不實而近貪瀆的事件，雖無明文規定，但指導員負有監督之責，要單據帳冊上簽名，常爲衝突的焦點，所謂「軍政失和」，推此可以上至各級軍政長官。我讀史而牢記岳飛「文官不愛錢，武官不怕死，自然天下太平」的名言，南宋的名將，更是錢物多多，故常未確實審核，也未連長能用，我也能照支；但照組織系統我反應至營指導員處，他只嘿嘿而已。接任我的後期學弟，毅然舉報，成了風暴，指揮部監察官調查追問道我，我淡然回答，已上報營指導員！他再問：「何以不向我檢舉？」我問：

何以要越級報告！有明文規定嗎？使之無以責問。但軍政負責人因此失和了。

營指導員常對連指顯示威權，而以居直屬長官擺譜，某次砲營軍政主官等開會，營長當主席，議程未開始，時間已超過，我遲到了，「杜指導員，爲何遲到！」

我幽默式回道：

我沒有手錶，是看太陽的，遲到了請營長及大眾原諒，發餉後我會去買手錶！

全員哄堂大笑，但後果是我調營政工官後，實際是營幹事，翻閱這年的考績，我屈居殿後，我指著對此人道：

這次考績公平嗎？

其人嘿嘿無答，他虧欠的「政工事務費」，在我代理他的職務期間，替他「擦屁股」彌補。

回顧政工制度，是俄軍的黨代表嗎？是唐代及以後的監軍嗎？是美軍的隨軍牧師嗎？均似是而非，軍政人員常久地在既聯合又鬥爭中而妥協而運作。我性直，耿介的本性，有所不能忍，又更多莽撞，二年之後，力辭連指導員，不願再和，也不能如此混。

在二年之中，其時空碉堡有多，不能閒置，我獨佔一座，開始了私塾時的苦讀，因要應隨營補習教育測試，而背英文，演算小代數、因子分解等，孤學無友無師，只有看例題、作解答，記得有一習題，曾摸索演算至天明而得確解；英文用初中開明英語課本，死記死背到第四冊。公務之餘，向正氣中華報投稿，小說如「素珠與我」、散文如「荷塘趣事」，若干急性打油詩，而以戰地砲兵生活的專欄報導多篇，受到砲兵指揮官張華庭將軍的激賞。苦讀的報酬，是其後通過高中同等學力的考試檢定，為其後成博士多了重要必須的學歷證件。

（四）公了私了的無奈感

出任營政工官，又似無關重要的閒職，自以為可以遠離一些是非纏繞，但營指導員不久調職，助理營指導，被陸總留住，我成了戰地不准三級代理的代理人，而無實際官職的權位，多了不能不參加的會議，及不能不處理的文書業務，不久受到記過二次的無理連坐處分。

一件軍中中最忌諱的「特殊事件」發生了，在砲營內是大事，連帶震波殃及砲兵指揮部，上至金防部，是發生二條人命的以下犯上的大案。我以代理營指導員的職務，「連坐」在內，無辜受到記過二次的嚴重處分，循正常的政戰管道上訴，其結果不算成功，因為沒能撤銷記過二次的處分；但也未失敗，有長官明白我的受屈，竟提出「公了」、「私了」，任我選擇，迅即有了回幹校補修學分的機會，以後環環相扣，能念「夜大」，考上高考，及時軍職外調，而如上階梯，一步不誤，能銜碩博士，真是禍兮福所伏。

這一命案，是發生塔山附近陣地的第三連，其時連長、副連長、指導員，或受訓、或探親、或出公差，均不在連內，成了管教等真空狀態。在某日早晨隊伍集合的時候，某充員戰士擔任「勤務兵」，於此無人的空檔，用他保養連長的手槍，擊殺了少尉行政官，然後畏罪自殺；行政官當場斃命，充員兵轉送附近的軍醫院，亦告不治；成了既無人證，又無從偵巡的無頭公案。金防部的軍法組竟然派一位服預備役的少尉軍法官，至現場調查，大有偏袒作出顯然有違情理事的案件判斷：「行政官擊斃充員戰士後，再畏罪自殺」。訊息傳到了營內，官兵譁然，不但行政官已有家室子女，不會不顧；而且是其直接長官，可以作出種種處罰，絕不會以槍奪命；且手槍子彈係此充員兵所保管；加上村莊民眾反應，此充員兵不滿行政官已久，揚言要報復。我和營長迅即上報，要求「平反」。軍法組的上校組長無奈地答道：

翻案要有確實的證據！

如依以上的斷定處理，行政官是殺人罪犯，此兵成了因公殉職的人員。勢將引起公憤，「老兵」可能對其他充員作激烈地報復；馮營長既無奈又憂心，懇切的道：

杜上尉，請你務必全力處理！辛苦您了！我會全力支持。

他也只能派一輛吉普車，供我隨時行動而已。其他無能爲力。這完全無學校內的教案可參考，但看多了偵探小說，尤其是福爾摩斯探案，腦際靈光閃動，問明了那充員兵送治的醫院，匆忙趕去，已是第二天的早晨，此醫院暫「借」了院落頗大的民宅，醫生、醫務兵等則寥寥無幾。樹木扶疏，吉普車上了山坡的入口處，垃圾成堆；我表明了身分，迅即找到動手的醫官，略作寒喧，便切入本題：

我想知道昨天那充原戰士的手術進行情況。

身材微矮胖，四川鄉音頗重的軍醫先生，穿著晨間的隨便服裝，似大爲光火，也嚴重地誤會了我的來意，極有怒氣：

有什麼手術情況？我診知傷口嚴重，我們缺乏手術設備，立即後送上級醫院救治。

醫官：請勿誤會，該員已往生了，這是二條人命的重大特殊事件，案情急待釐清！請求協助！

澄清了不是來找碴的，他神色緩和地點頭：

我明白了！

我問知動手術時，是用手術刀劃破了內衣，便追問這件內衣的處理，和投放的地方：

當然是放在垃圾堆裡，院方沒有醫療垃圾的處理設備，全堆在門口的桃樹下，應未運走！

我即往翻找，居然搶得先機，垃圾未清除找到這兵的內衣—軍人配發的汗衫，用墨筆大寫了他的姓名，衣上血漬已變赭黑，胸口胸背處的彈孔甚爲明顯。彈孔由胸口下而上透背後我飛報營長：

總算有證據了！

但算不算確實證據？證明力度如何？有待軍法組的認定！營長和我，忙忙趕往，那位上校組長，舉衣再三審視，方威嚴地表示：

「辛苦了，這件證物太強有力了，足以翻案。」並說明因內衣上的彈痕，顯示了自殺而非他殺的理由和證據。依此軍法單位做出了翻案的判定。行政官係被殺，因公殉職；那充員係兇手，以下犯上；遂告結案。平息了爭議和可能掀起的營內風暴。

類似的無頭案，也曾在我服務大砲連時發生過，叢保志連長在召集砲長以上的幹部集會，散會之後，發現桌上卷袋內他的軍人儲蓄券不見了，命我查辦；其時部分官兵借居在近前墩村的金門農會附屬農場內，連長與農會的科技人員有頗佳的互動，我請了一位技師，攜著號稱「指紋採測顯示器」，做了一些採樣活動，聲稱已採得連長和其他人的指紋，隨而召集參與開會即能進入連長室內的有關人員，作了上述地宣佈，即進行採捺每人的指紋，我作了心理上的攻心宣言：

連長是當事人，因此命我全權處理此案。我相信這應是順手牽羊，臨時起意。在指紋查驗結果之前，向我交出儲蓄券，我保證不會公佈姓名，不作偷竊案處理，也不會有任何記過的行政處分。

就在當天夜間，張釗駕駛士官載我到了無人的曠野，某砲的砲長，跪在我前面，交出連長失落的儲蓄券，請求寬恕，果然是順手牽羊。叢連長要求我告知姓名，我斷然拒絕；要我請指導員記人「安全資料」內，我表示決心道：

此事我必守承諾，不會告訴任何第三人！連長！財不露白，如果找不回來，您誰也不能怪吧！

顯然如偵探小說的破案情節。在砲戰之際，一位砲長急具重要性。我讀《幼學瓊林》記得吳起殺妻求將，竟而得將，其理由是：「毋以寸朽棄連抱之材」，我的處置，或許士軍紀所不許，但認爲如此方妥當。

二條人命的重大特別事件的檢討會，由營長主持，全營的重要幹部及各連士官代表出席，上級派人指導；案情真相大白，責任明確，檢討切中事實，符合民眾反應的情報。營長在總結時說：

杜代指導員，任勞任怨，忙碌多天，不但使案情的真相大白，又號召營內同志自由捐助，使行政官的妻兒得助益，我和其他相關人員，要受嚴厲處分，但我建議上級，杜上尉要記功嘉獎。

處罰命令下來了，馮營長記大過乙次，迅調「副職」離營，我記過二次。自省我完全沒有任何失職及有何違誤不當，故層層上訴，極力要求撤銷記過處分的命令，而得到的答案是此乃官職相連的連坐懲處。我極不滿的，是上級違反了戰地不能有三級代理，金防部政戰部不聽任我營助理營指導員在陸總兼職而未到差有誤在先；我有意願工作，而不願代理營指導員的職位，在相關會議上發言而記錄在卷。故決不接受這無理的記過。直抵金防部政戰主任王和璞將軍處求見，要當面申訴。

一位年輕的政戰上校先行接待，在聽完我陳述的原委和理由之後，勸說道：

老弟！我相信你的陳述是事實，記過兩次也冤。但我坦白相告，你見到了主任，要求撤銷記過的命令，決無可能，命令既已發佈，又是金防部司令官所發佈，王主任能回收嗎？司令官能許其撤銷嗎？忍忍吧！

我仍神色憤憤，可能有功無過的事實，激發了他對我的同情，他嘆了口氣向我表示道：

我懇切地相告：你要公了，還是要私了！

內容：

我愣住了，竟然有這樣的方式，這不是軍隊嗎？故詫異而進問公了、私了的內容：

「公了」是由我安排你去見主任，但撤銷處罰，決不可能；「私了」是到此為止，你可提出要求，我決保證實現！

我相信了這一事實，聯想我的委屈難比岳飛的十二道金牌，故簡單地提出了回幹校補修專科學分的受訓要求。

下一受訓梯次一定有你！

他神態輕鬆，語氣堅定，彷彿小菜一碟。如果我提出佔少校缺而升官，大概也會達成，這顯然是我決定命運性的選定。惜未記這位相助貴人的姓名和職務。

（五）脫下軍服的高等考

不必經過入學考試，我又回母校讀書。入學日期是民國五十二年的八月二十六日，「八二三砲戰」三十五周年；得博士學位是六十五年八月二十日前後（因有師大和教育部的二次論文口考，日期相近而不相同），是冥冥中時間的巧合了。

重當學生，已是有軍職的學生身分，卻無職責的羈絆，在三十六周的受訓期間，自由自在，加以有了諸多事物的經驗，進步雖然沒有達到不是「吳下阿蒙」的境界，但讀書看書，已能發現問題，思索而自求解決，似乎有了些能讀「無字之書」的醒覺。尤以杜正倫老師的「理則學」，引領我進入了「傳統邏輯學」的思想方法的領域，課堂靜心聆聽、精心記筆記，以後追尋邏輯的發展，漸漸結合國學研究、沉思偏訊，推演思考判斷能力，受此啓迪和影響；又如彭明敏、張佐華、梅仲協、最年青的汪大華諸先生，諸多的知識性；智慧性的灌輸，有茅塞頓開之感。這次的「回爐」，得了二張畢業證書：一是政戰系統第四十六期的高級班；一是「修分七」——補修學分班第七期，依專科學校法第二十一條而得專科畢業，二張證書，見證「文武教育」的合一。給我最大而迅即的影響，是有了報考大學插班二年級的資格，不久考進了淡江大學夜間部的中文系；又能報考公務人員高等考試，亦幸獲題名。「柳暗花明又一村」，轉到前五年「寫書諾言」的另一路上。

畢業證書入手，束裝仍回金門砲營原職之際，往拜謁侯暢伯伯，他的關切，又一次改變了我的命運。那是民國五十三年的五月初，在有些炎暑蒸人的中午，侯伯伯時任台北市府的主任秘書，官舍在青島東路和中山南路的交叉口，我登門不久，侯伯伯手攜大批公文卷宗，回府用午餐而批閱；我成了闖席的不速之客。他問明了我已受訓畢業，和將來想再進修，有調職台北等打算，在餐畢時先離席，久久由書房出來告知：

我已與陸總部政戰部江國棟主任，待你約定後天上午十時會見，他是我的老朋友，我寫了信，推介你去追隨他：

我意外而欣然地感謝了這一安排。他扶了扶眼鏡問道：

你有沒有一些餘錢？買套凡尼丁的軍服吧！顯得更有精神些！

我微縐而陳舊、又多大口袋的野戰服裝，引發他的注意而作上述的改善提示。隨後晉見了江主任，在我大砲連增援金門運補時，在美軍船塢艦上，曾蒙宣慰而召見過。當然他已無印象。在抽閱介紹信之時，三言二語，問明了我要調至台北的請求和原因，眉頭大縐道：

陸總政戰部的權責，能管轄調動的是上校以上的職位！但侯先生是老朋友，令他為難而沉吟！

好吧！你留下簡歷表，不要聲張，我來試試。

因此介紹，不久我調職至陸軍供應司令部通信屬交通大隊的「長途臺」，仍是同於營部政工官的職位。其後江主任又因侯伯伯的情誼，解決了我又二次讀大學時發生的大困難。這一改變我命運的機緣，真大微妙了，若侯伯伯不在當天回府用餐，我必返回原單位，絕無以後的考大學機會；他不真心關切，也不會細問我的「生涯規劃」；又他與江主任若無深厚情誼，或通電話而江主任公忙在外等等，我不可能得見而有其多次相助的機會；以後如何「流浪」在軍中的底層？實不可測知而難以想像。

「個性決定命運」，在當年的時段中，無此意念的覺悟，無此類話語。但讀了王國維先生全集之後，有相似的覺悟，他欲專攻文學，而苦於理性太多；欲專研哲學，而苦於情感太多，更因而明白了孟子有求在內，和求在外的不同主張：「趙孟之所貴，趙孟能賤之」。是因人得富貴的「外求」，修無待於外的「天爵」則是「內求」了。我情感衝動，遇事而發、不甘阿人所好而不辨是非，乃官場大忌，更不宜於在軍政系統中求發展；幾乎未記住自己的生日，連侯伯伯、伯母的生日也未記住，只因流亡流浪久了，不習慣交際應酬，縱使有「趙孟」，也不會記其生日及其父母等的生日而送禮攀求，我多年公務生涯中，如過年節，從未至長官家送禮祝賀過。九年的軍中經歷，虛心反省，極多的是少年意氣和情性決定的闖撞，其後我轉任軍中唯一低階的上尉監察官，如「馮唐易老，李廣難封」，不是命運決定，而是個性及信念使然。在監察官的歷程中，某中校組長，拿著要打假發票而刻製商號圖章的發票，以作請領公款而作報銷的單據，要請款時，我發怒之餘，將他送來的會辦卷宗，當面投擲地上，「監察官，你是管軍紀的，我是中校，你是上尉，乏我的卷宗，違反軍紀，你不覺得嗎？」

我當場回道：

我更管法紀，乏你的卷宗，已很客氣！憑這造假單據的證據，可以記你的過，甚至法辦，讓你吃牢飯。

他乃悻悻而去！顯然是當時的風氣？我有沒有擋人財路？但必然是被槍打的出頭鳥了。但有如此發作的必要嗎！

幸而高考及格，讓我軍職外調，得以除役，官不過上尉，而免於可能的刑罰自以爲是大幸。事後回想，我沒有錯嗎？軍人以服從爲天職，更不能桀傲不馴；加上人際關係的和偕，上下的相知，應有交際應酬，甚至要阿諛獻媚，而爲我性所不喜，做不到如《報劉一丈書》的「立廊中僕馬之間」，以等待進見；既無餘錢也不肯以禮物酒食，做好關係；因進修也無餘閒；當我上尉「停年」屆滿多時，應調整少校職缺，掌管人事的陳參謀官約見了我，

你的年資夠了，調佔少校缺如何？

謝了，那是我的希望。

但出乎意料之外，仍有條件：

要到台中去！

台北有沒有職缺？

有！但是要留給有眷屬的人！

其時我正在淡江夜間部進修，他不會不知道，「要留職缺給有眷屬的」，人事調升，能有如此條款嗎？台中也不是金馬前線，不能顧家嗎？這一有人性的考

慮，對我顯示的則是不理性，不公平。我拒絕了，不願放棄學業。事後有人指出，那是「空杯子敬酒」，虛幌一招，他可以堂而皇之簽注，是你不願佔缺，不是他作業的不公平。更可能因爲你與他無應酬交往。其後我以高考及格，軍職外調總統府任荐任科員時，這位參謀竟電話質問：

你軍職外調，我為什麼不知道！為什麼要你知道！總統府是三軍統帥發令的地方！國防部一定有人知道！但不會是你！

對方無趣地掛上話筒，我高興的出了一口「鳥氣」，罵了一句軍人慣用的國罵！但影響了我退休的多種權利！這九年多的軍中闖撞，如此結束了，合了「乘興而來，敗興而返」的古諺；也慶幸未被記大過或革職等。更體驗也是國家的制度，給我以另一發展的機會，而且退除役了，可以無拘束地上研究所，我早在作應考的準備。

我的考高考，是受同期同學楊華銘、白正明高考及格、軍職外調的影響，而有了此意念的引導，在民國五十三年，我念淡江夜間部中文系的時候，春節到侯伯伯家拜年，閒話之際，被問到：

你這位大學生！今後有何打算！

我未加思索而答道：

準備考高考！

好啊！那是公職人員的正途，有人比之於古代的進士及第！

我也知道有高難度，恐怕考不取，太無把握了！

那有什麼關係！試試也無妨，古人多少十年寒窗呀！

在恩公前的諾言，心目中極爲神聖，衡量相應能考的組別，確定了考「普通行政人員文書組」，「文書組」是秘書之類的相應職位，如作文、公文、文法與修辭，與中文系一些課程是「近親」；依據考試科目，進而準備書籍，不得不感謝頗有空閒的職缺，職場又緊鄰陸軍總部的圖書館，也利用職權，將充員戰士退役時繳回的借書證，大借應考必備的書籍，其時不但微小的薪餉，不夠買這必讀的應考書，何況要繳夜大的學費：我連交女朋友，請看場電影的餘錢都沒有；出版事業也正在起步，其時書店找不到〈資治通鑑〉、〈四史〉之類的書籍供應，也只借助於圖書館了，而陸總圖書館也沒有行政學之內的書，而是在植物園內的中央圖書館作休假日的借讀，望著高懸的「中樞玄覽」的匾額，未借「秘藉」、「精本」、「校本」類的珍藏，頗爲慚愧。

這次是五十四年度全國性的高普考，在這年三月間報名，九月間考試，國文除公文題目之外，作文題已在前文提過：「孔門四教，以文爲首，孔門四科，以文爲末，試伸其說」。我背熟了〈論語〉：記「子以四教，文行忠信」，故而以文爲首；何以以文爲首，乃「君子之道，不成章不達」——不能以文章表達「道」，所謂「文以貫道」，不成文則不能言情說理，表意論事，以文爲首的意義如此；孔子又在〈先進篇〉，論評弟子的成就，有德行、政事、言語、文學的四類，而以文爲末，顯示的是德本文末，顏淵等的德性，高出了子游等文學；我如此成文，得了頗高的八十分，考卷是駢文大家成惕軒先生評閱的，明瞭此公案之後，此老依「古禮」成了我的「座師」，因此我未升教授之前，他特地以我高考及格，已逾十年的相關規定，以他考試委員的身分，簽准聘我爲典試委員此係後續發展；我在考科中，有的科目做了頗詳的應考筆記，但在中文系學科中用心苦讀的「文法與修辭」，僅考得三十幾分，記得外調至總統府、第一局局長唐振楚先生面談時，曾質疑：「以國文成績作對比，何以此科如此之低」，我回答了真正的理由，考題只有三道，我看錯而答反了其中一題，可見考試大有運氣的存在，幸好高普考除特殊規定之外，是以平均成績達六十分為及格而錄取，我能以「中等及格」，多有幸運，因為僅有九個月的準備，有些考科，僅研讀時，只記有大綱、竟一試而中，沒有「十年寒窗」，而且尚需日間工作，夜間上課，實拜考運好之賜，及格證書是民國五十四年十二月二十一日，全高普文字第四號。更因此而幸運地軍職外調。

（六）宮中府中的秘聞錄

進入總統府第一局，是以荐任科員試用，試用一年，方正式任用「補實」，掌管的是武官少將以上，文官為中央政府委任以上的任官令，即由總統名銜頒發的任官證書，彷彿位不高而權重，其實是各機關的申報名冊而依樣畫葫蘆的「文員」，又嚴格的要求，不得有任何的錯字，否則要重發。多虧了老科長吳大猷先生的細心核稿，免除了我頗多的疏漏。但頗有權威性的時刻，如參謀總長，部長等特任官任職時，要行政院長的副署，所以我能進出行政院，外交部等機關，曾夜間到蔣經國先生的公館，請其簽署。其時嚴家淦先生出任閣揆，行政院是常去的機構，他以財政廳長，財政部長的經歷出任最高行政長官，被推許爲財經內閣；在他的任內，無論內政、外交、經濟、軍事等，均平穩無比，是政府遷至來台最有福氣的「太平宰相」；他行事謙和而低調，任財政部長時，雖工友結婚，也親臨道賀；我至行政院請院長行使簽署權時，見不到嚴先生，而由其辦公室主任沙德堅先生代蓋官印，沙先生每次必送至辦公室門外，執手溫語道別，當然是嚴式「謙以自牧」的影響；但其在立法院通過任命時，有立法委員反對，在所投的反對票上，寫著「此妾婦之道，何足貴也」，譏其無擔當，又有「嚴推事」的別號；可見世上無完人，官場更如此，以後政權能平順轉移由蔣經國先生接掌，亦功不可沒。

我能進入總統府，實係走運，先是府內的低職等人員，依例由工友、辦事員等內升，理由是「安全無虞」；至唐振楚先生出任第一局局長，力主提高水準，任用高考及格者，所顧慮的安全問題，則經由安全調查作解決；高普考雖被錄取，僅有任用資格，而非「考用合一」，考選部將任錄取名單，函請用人機關選用，我因此被唐局長挑中，如無他的「人事改革」，必無入府而軍職外調的可能；幹校畢業和軍中的經歷，也許在安全問題上「免疫」。其後也被推荐至經國先生主持的「經合會」，以擔任交通規劃的項目，待遇是總統府薪資的一倍，我自忖以中文系的學養，恐不足勝任愉快，故未「那裏多一塊錢，就到那裏去」。未見錢思遷。

在府內約五年，知道了有趣而値得一述的「秘辛」，「宮中」、「府中」，雖有固定的薪俸，但不同的「加給」，有二十餘種之多；總統選用的秘書，喜用湖南人，如秦孝儀、張之淦、周應龍諸先生、曹聖芬曾被選爲侍從秘書，但不久因語言問題而自行辭退，因某日某侍衛以寧波話傳話：

先生要打浴了！

他完全不知意義，只能如鸚鵡學舌，但另一執事人員回應道：

曉得哉！

他問明「打浴」是蔣先生要洗澡了，他怕以後傳達有誤而請退。以上是他親口相告的小秘辛。

來台之初，張群先生與蔣總統的關係，似已甚疏離，張到第一局張景鐘的辦公室，上書請見時，竟要坐候；因之其後得出任總統府秘書長；又人事室陳長庚科長，手中有陳布雷先生的重要人事考評：如劉峙是「福將」，某秘書長則為「此人頗能交際應酬」等，而蔣總統竟批了此件可宣付史館之類的認同；張群先生提了「人生七十才開始」，而府內六十五便必退休的人員，依張的話而請延退，自未能如願，被同仁打趣道：

他才開始，你已結束了！

其後我調到「總統事略編纂室」，秦孝儀先生兼任總編纂，我被派為助理編纂，有機會完全翻閱「大溪檔案」，所收藏的是蔣總統自委員長任內至當選總統撤退來台為止的機密文件，因考慮公佈，故全部檔案調至我們的小辦公處代號「芝山書屋」，請秦先生先核閱，我等因而能寓目；至今仍風波未息的「釣魚台事件」，起源於開羅會議時，在大約十九人的代表團中，無地理權威，會中提及光閣群島

（即釣魚台）的歸屬時，我方不知是釣魚台的英文地理名稱，未表示意見，至管轄權付于琉球群島而起紛爭；又影響中美的史迪威事件爲例，在華府負責交涉的是宋子文，史迪威不但是遠東戰區的參謀長，美軍部隊的指揮官，又握美援物資的分配大權，在中美重要會議時更代表美國總統，對這權重而複雜的身份，蔣先生致電表示疑慮，宋子文的回答：「已與馬歇爾協商好了」；其後因而引發二人間的大衝突，蔣先生以有我無史氏的重大抗議，以不惜辭去遠東戰區的盟軍統帥，而逼史迪威離職回美，史以四星上將，加上打通滇緬通道的戰功，黯然鎩羽而歸，回美機場竟無熱烈歡迎的場面；他顯然是馬歇爾的「代理人」，其後馬歇爾的調停「國共內戰」，偏袒共黨，應有潛在的影響；又蘇俄在加入同盟國陣容後，並未對日本宣戰，蔣先生去電請史大林聲明對日宣戰，史則回電「請不要逼他」，蔣先生因而放他一馬；其時執牛耳的美國，應強有力地作此要求，自無其後美俄間的「雅爾達密約」，致俄軍得以在東北橫行，將日本防蘇的眾多而重大的武器裝備，交付林彪等之手，內蒙古的脫離了中國，也是釀成大風暴的重要因素之一。亦出於史大林的專橫。我得窺此類的大秘辛，全係入「府」方知。

「宮中」、「府中」，自古已非「一體」；依諸葛亮〈出師表〉，其所提的宮中乃帝王的生活區，「府中」乃政權行使的樞紐之地，即係宰相的「相府」，他所謂的「一體」，是指人事拔擢獎懲的公正而已。我國自古及今，「宮中」、「府中」顯然大有分別，如美國的白宮，才能說是一體。但由「府中」則能知道「宮中」一些消息。

我入府時，由中山先生的大元帥府、南京的總統府，「遺老」猶有存者，口耳相傳，頗多秘辛，可惜我未起心動念，否則耳聞筆錄之下，可能草成類似〈世說新語〉一類的筆記小說。上述一鱗半爪，殊不足饜人耳目。僅附在求學歷程的回憶裡。

圖十四：前排左王犖群指導員，右李顯幹事，後排邵希霖，作者時均為幹事

圖十五：作者戎裝攝於金門

圖十六：獲虎賁獎章攝

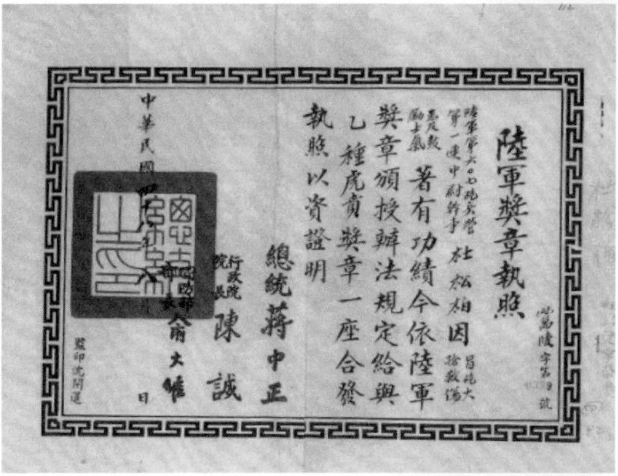

陸軍獎章執照

陸軍第六〇四砲兵營第一連中尉排長 杜松柏 因 著有功績今依陸軍獎章頒授辦法規定給與乙種虎賁獎章一座合發執照以資證明

總統 蔣中正

行政院院長 陳誠

國防部部長 俞大維

中華民國 日

圖十七：虎賁獎章

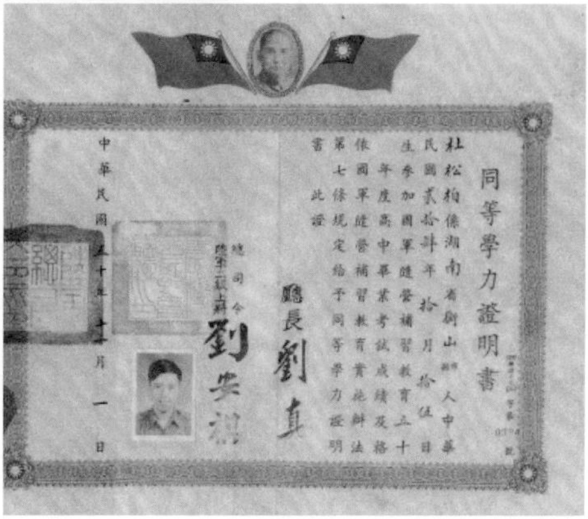

同等學力證明書

杜松柏係湖南省衡山縣人中華民國貳拾肆年拾月拾伍日生參加國軍隨營補習教育五十年度高中畢業考試成績及格依國軍隨營補習教育實施辦法第七條規定給予同等學力證明書 此證

廳長 劉真

總司令 劉安祺

中華民國五十年十二月一日

圖十八：高中畢業同等學力證明書，是補專科學分的必要證件

七、淡大師恩與練筆

插班考上淡江大學的夜間部，正式得到文學士學位，戴上那頂方帽子，才象徵是一生踏上治學路途的開始。淡江是黨國元老居正所創辦，原名「私立淡江英文專科學校」，以造就英語等人才爲主要目標；其後改制爲「私立淡江文理學院」，再升格爲「私立淡江大學」，依原設校地址所在的淡水鎮命名，有古人因「方」立號的意義。開辦之初，教職員的薪資，據說超過當時公立學校一倍以上，才能羅致良好的師資，而名震當時。

（一）插考淡江夜大的傳奇

我奉調至陸軍總部內的通信支援單位的長途臺，是當時美援的先進載微波器材的長途軍用電話通訊單位，編制隸屬供應司令部通信署，仍是營級的上尉政工官，住地在現在台北市杭州南路興建的中正堂區域內。報到第二天，即至羅斯福路現在的南門市場附近的「正大」英文補習班報到，以實現當初北上讀書的心願，但茫茫然無入手之處，只好準備長期讀此語文，以求發展。

某日辦公無聊，偶然翻閱報章，發現淡大夜間部招生的廣告，乃函請學校的教務處賜告明年的英文系招考的考試科目，以便準備。回函迅速到了，告知我在這週的週末報名，下週的週末，週日考試，各系的應考科目，請自行查閱，我乃興起前往一試的意念，但考英文系，衡量決無上榜的可能，故匆促應考之下，決定報考中文系。

準備好了證件照片等，卻被拒絕報名，因我是現役軍人，要國防部等單位的就讀同意書，我只能懷著萬一的希望，向侯暢伯伯求援，他即命其哲嗣建威，以摩托車載我，再回現場，他是傑出的淡江英文系畢業校友，又與負責主持報名實務的夜間部主任戚長誠先生是舊識的師生關係，客套問候之後，直奔准否報名的主題：

現役軍人要有軍方的同意書，是必要的規定，不然，將來教育部核定學籍，會不通過，學校責任重大。

戚主任做了簡明的立場說明：

老師，讓他試試吧，未必能考取呀！

其時與我同一狀況的，約有數十人，建威大哥此一請求，大獲聲援！

萬一考取了，學籍問題如何解決？

戚主任似不願失去學生的資源，作了退讓，

不過是補交同意書而已，我父親擔保負責了！

他的大包大攬，獲得戚主任的首肯，和我頗多同情況的軍中投考青年，得以報名，承諾了自行補送同意書及自負學籍解決的責任。

考試結束，我僥倖是中文系錄取六人的榜首，久已熟習的陳克煒、莊政、李靜中三位前期學長成爲同班窗友，李靜中學長更是幹校在校時的體育教官，他的籃球球技廣受歡迎與肯定；陳克煒學長，是我的隊職官，以後因爲裝甲兵湖口衛兵被殺害及奪槍的特殊事件，他是政戰主任，卻獨當負責，因而失去了將要掛上的「星星」，但成了「心盧」對大陸的心戰專家，他的文章清雅，數十餘年守此崗位，退而不休，現仍有反共篇章，見載於港臺的報章雜誌，淡大中文系的培育，有了深刻的影響。其後我的入學同意書果然有了波折，我再求見江國棟主任，經他親自以電話向某單位的政戰主任溝通：

青年求上進，努力讀書是好事，總比打牌玩樂等消磨公餘時候好多了，杜上尉的服務單位，也是後勤單位，嚴格要求他積極工作吧！

顯然有了權責單位對我的讀夜大，有不同意的意見，經江主任如此說詞，被勉強地接受了，這位上校長官，想不到我就侍立在江主任的身旁，親聆了二人的對話吧！結果得到了陸軍供應司令部發給的入學同意書，但以未照規定事前申請，而申誡一次，也是我服務軍中最後一次受處罰，卻令我欣然接受。侯伯伯這位長者雖未出面關說，但仍是他的情面，也感激江主任在百忙中親自處理這類「雞毛蒜皮」的小事。其後又一次因單位改編，我因未有眷屬，要再回野戰部隊的問題，而調入國防部直屬單位的「通信統一指揮部」的某訓練班，職銜是軍中惟一上尉低編階的監察官，其他單位此職最低係少校職缺。江主任不是屈法伸恩，我已在作戰單位，服務六年，曾三度輪調至金門，沒有成家結婚及生兒育女，就應喪失某些權益嗎？江主任大去之際，我送了輓聯而感念道：

三謁仰威儀，一別竟傷春去永（上聯）。

一生永記此大恩的貴人相助。不然仍沉滯在基層的「野戰單位」，大概只是限齡退伍吧。

（二）嗑瓜子女同學的私語

淡大夜間部開學啦，我因公務未能參加開學典禮。其時更後悔沒有養成儲蓄的習慣，同係尉級軍官，很多同事要靠薪資以養家活口，我卻寄寓在六張犁舅父家，身無長物，這次的學費，是舅父袁榮先生和舅媽的欣然解囊，方得以繳費就讀。那是中國文學史開學時的第一次上課，竟然趕車而遲到，悄然自愧、趁教授板書時潛入教室，他在上朗唸，同學有書的翻頁相應；三三兩兩，由後排座位至前排，隨意入座，僻遠角落等，則人數較多，懶散地坐著，有的閉目養神，有的埋頭小睡，相識的竊竊私語；我是插班入二年級的「新鮮人」，舉目無親。在教室靠門旁的坐位入座後，受到意想不到的歡迎，「左鄰右舍」的女同窗，面帶微笑，大方的送來一小把瓜子，她有時公然「卜嗶」咬破，音波微震，我有些怔呆了；在我長久的軍事院校之課堂中，全班編好了座次，早早就位，恭候老師的開講，人人振襟肅坐，甚是不敢放鬆腰桿，課堂內偶有咳嗽聲，便有震動全場的注目效果，這兒「陰盛陽衰」之外，竟有位出人意料，到了大大方方嗑瓜子的程度；初時甚爲驚悚，以後欣然接受，這才是自由浪漫吧。此前觀望在衡陽街、羅斯福路等街頭，那挾書而行，如閒停信步，有人吃零食，有人講悄悄話，勾搭背時而笑聲如串珠墮地，那份悠然而歡樂的氣氛，望之如神仙中人的羨慕；想不年近而立，竟亦能同樣挾書而行。但我能擁有的，只是公務和課業相間相擠的忙碌，難有那渾忘身外事的心情。我接過瓜子，不敢入口，仍未有教本，也未帶這堂課的書，驚奇詫異之餘，只能坐壁上觀了。下課方鬆弛了神經，想到「最後一課」的外國課本表達的是未盡心學習的後悔；但這是我淡大夜校的最先一課。算不上良好的開始，卻踏出了喜悅的第一步。老師是負盛名的沈兼士，久久他自爆乃同名之故。

乍然入了「文學校」的大學，我雖有了頗多的軍中事務經驗，決非「少不更事」，但實似爬出牆角的蝸牛，伸出觸角，作參與同學間交往的試探，感謝由一年級生來的學長們，接納了我們，給予了許多課業和考試等等的引導，以至教授打分數的寬嚴，職員先生的查堂點名、及考古題等等的實務指導。

我們是淡江夜間部的第二屆，但「開天闢地」的首屆，是春季班才入學，僅有半學期的差距，人數似乎不足十人，在教育成本上是入不敷出了；我們是秋季班，依理仍應是第一屆，也不過二十餘人，加上插隊入學的我等六位，才破三十大關。不到半個月，「低頭不見抬頭見」，大家混熟了，加上小道消息，我插考四科的成績，破了三百分的關卡，引起了一些吸睛作用。其後課餘的「盍各言爾志」，產生了共鳴，篤信佛法，長期茹素，而又打坐修行的施人豪，任職台大的黃來發（後改名黃啓原），成了課前課後的三人行，漸漸形成了共識，立志拿大學而不是淡江發的另一張證書，其後同聲相應，組成了淡大夜間部中文系的第一個社團，「三餘學社」——取意於夜者日之餘，冬者歲之餘，雨者晴之餘，我似乎被推爲首屆社長。

附帶而有趣的，淡大夜間部迅速的發展，成了似自然界廣大的「林子」，引入了諸多的鳥，很多是羽毛亮麗的一類，如中國小姐的劉秀嫚、于儀，我班上有電台節目主持人雋玉琴、「養鴨人家」電影明星的唐寶雲、縱橫籃球場的丁克鋮等，大名鼎鼎長青樹的明星張小燕，當時尚未完全脫離「童星」年齡，出現在我補修英文課的班上；男同學有諸多蛟龍潛伏式的人物，班上有軍情局副局長的高雲漢，及執筒導演的多名導演如李潛俠和演藝人員，姓名多到我不能記住的程度，最多的仍最是由流亡流浪中，受磨煉之後，脫穎而出者，有緣會聚在夜間部。

（三）吾愛吾師的多重感恩

略觀先賢哲士，幾無不受師長的教導啓發，恩澤培養，及同學間的攻錯挾持，所謂以友輔仁。淡大中文系四年，未曾多次爬上好漢坡，坐於宮殿式樓臺亭閣的校本部，遐觀近望那淡海風光；僅出入奔忙於其新建成的，位於金華街的城區部大廈之中。學校不貴有大廈、而貴有大師；我更深入地體會到，貴有學養淵博的學者，能傳道授業解惑，尤貴有即之也溫，能帶好、管好、起教化作用的良師，我有幸均遇到了。大師級的學者如許世瑛先生，他以日間專任的身分，移席至星期天上課，決非爲鐘點費；又如楊家駱、林尹、高明等學界大儒，均曾似電影「領銜主演」而出現在中文系的課堂上，「仰之彌高」，產生當時的大震撼。

李師宏碁，係歷史學者，本職爲立法委員，應敦請而至校任教，兼國文教學召集人，有中文系系主任的作用。我選修老師的「歷代文選課」，一篇曾國藩的〈聖哲畫像記〉講了逾一個月，那飄逸的版書，深入的分析，已見三十二人對我國學術思想的貢獻與影響，那史家的宏通見識，既提要鉤玄，而又實事求是，使人茅塞頓開；尤其初秋「秋老虎」逞威，他胖碩的身材，整齊的西裝，汗水不停地滲出，白襯衣有時濕透，有時汗珠掛在鼻梁上，印象深刻而感動。以「讀四書問題之我見」爲作文題目，批閱後囑我試投「孔孟月刊」，竟獲出刊，乃我「初試啼聲」近乎學術性質論述之作，起了講堂上授課之外的師生情誼，影響最大的是他激發我創造潛力的告誡：

在求學階段，要搖筆就寫，不必因力求完美而不動筆，所表現的是此時的程度！否則畏縮不前，將陷入眼高手低，不能激發寫作的潛力，我吃過這虧。……

在其後的時日中，我真的努力以赴，有觸動於心，搖筆就寫，頗多的雜文發表在淡大學生園地的「暮鼓」和中央日報的副刊上。

望之儼然，即之也溫，知人識人，有一生師弟情誼的是廉師永英，他所授的《孟子》、《文心雕龍》等專書，要求甚嚴，但對作者和書，知人論世，論理論學，有了生命力的投入和體會；他超強的識人本領，幾乎交接之後，便不忘學生姓名和人，一位替小姐至課堂的女傭，「不堪受教」的情態立被發現，三言兩語，揭露了小姐看電影去了，他暫時扮學生的真相，我們哄堂大笑，多人起了不敢翹課的敬畏。其後我考師大研究所，報考的專書，便是他所授的《文心雕龍》，更讀背了五十篇中的重要篇目。廉師影響最大的練筆久久所產生的表達技能，在中央日報副刊，我發表了〈禪宗對王維詩風的影響〉、〈坎井溯源〉、〈龍宮貝殼〉等等，老師笑道：

松柏！你快成雜家了。

真是語中有刀，我悚然驚醒，已過了搖筆就寫的階段後，應要求專門而深入了，乃號書房的「知止齋」，以示不忘及自警。

此外諸多授書老師的教誨，均起了正反等面的影響，和同學樂道的許君武老師，掛在嘴邊是他的綽號「許大頭」，我修他的中國哲學史，講授時似信手拈來，如天馬行空，但博聞強記，甚爲活潑。他前後開授八門課程，一位功課成績甚佳的女同學不經意地道：

許老師於我，太重要了，是能不能畢業，得不得到獎學金的關鍵人物！

我在二年級時高考題名，成了老師上課屢屢提及的話題，一位英文系的校友，在我們垂暮之年，相見互道姓名時，他說

你的大名，在許君武教授的課堂上已久仰了！

「平生不解藏人善，到處逢人說項斯」，我想不到竟成了許老師的說項之人。

事隔四十餘年，淡大的師教師恩，情景如昨日事，不是人屆暮年，該忘記而不忘記，應是一生孤身飄泊，享受到的溫馨，不許在記憶中消失，許世瑛、楊向時諸先生的笑語授業，似又在耳畔迴盪

（四）為另張證書而作練筆

三餘學社曾在淡大城區部地下空屋，作課外活動。廉老師，是由白山黑水的

東北涉海流浪而來，先于役軍中，後就讀師大教育系，兼修文學院的國學課程，入淡大兼任後，悲憫我等的志事，成了義務輔導，李老師也多次出席鼓舞勸學。教官袁少校可能爲浮言所誤導，將我們報成「讀書會」是對岸地下活動的外圍組織，我們大多是受害被迫流亡的一群，竟被如此誣枉幾與「匪諜」同罪嫌；何況如高雲漢是反諜報「軍事情報局」重要幹部之一，嚴樹楠同學官拜上校，砲科出身，爲火力控制中心的中堅等，於是群情激憤，李老師以立法院財經組召集人的身分相挺，自不容顛倒是非，袁少校黯然離職。戚長誠主任爲平息風波，要求我們不宜在校內活動，其時夜大初創，似無明文規定，准許學生結社活動等章程。只能服從這一勸告，三餘學社因而偃旗息鼓。

經此挫折，更激發了爲另張畢業證書而拚鬥的豪情。以施人豪其時已被聘爲近鄰的金華國中專任教師，兼該校圖書館管理的義務職，星期日館不開放，變成了我們移師讀書之所。

針對考研究所，施學長進了最大的心力，收集了眾多的相關資料，臺大、師大及其他學校沒立的研究所，其招生章程，考試科目，均一一呈現；尤其是諸多考古題，起了重大的參考作用，他並未挾密自珍，完全抄錄公開，以「成功在子何殊我」的廣大胸懷，更堅信不論先後，我們均會考取；他又以在師大聽文字學、訓詁學的筆記和心得，擔任大家的「小老師」，上台講授。是他修佛法所得，悲憫精神的發揮。其後他高中政大中文研究所，任教中國醫藥學院，兼陳立夫老師的校內秘書，組成的「醫王書法社」，頻頻在大專組中比賽奪冠，再被禮聘至成功大學中文系任教職，以癌症往生，追懷至此，他真是豪傑之士和偉人，他走了，使我失去一盞明燈和諸多的助力。

在拚鬥升入研究所的過程中，有關的學習和知識，有了極大的提升，但我感念不忘，自認有成就感的，是此時的練筆功力。廉老師欣然而來，成了切實的義務指導老師，又在學校之外，不但每周日由北投住地趕來，午間吃著麵包塗果醬裹腹，而又只有同學的有時缺席，決無他的不臨場；練筆的方式，由《古文觀止》中的論說文著手，先選出一篇，要求每人熟讀，廉師到達後，自行向他背誦，之後就此文的要旨，命題作文言文，約四十分鐘繳卷，要求達五百字以上，也是研究所考作文的方式及能成文的時間。先繳卷者先批改，錯字別字、離題失意，蕪雜俚俗等等，嚴批導正，似文章醫院的醫師，在其手術刀下，毒瘤浮腫盡去，日久功深，效果漸見，我自謂成就了我的快筆，以後我的學位論文，專題論文，以及寫專欄、方塊、社論等，多的是一氣呵成，如山嶺流水，一瀉而下，未必工巧，但頗能達意而小疵累；寫社論時，參閱資料，依主題成文，從未超過報社所要求二小時內完成的時限，與我的聯絡人，向我的同學，擔任某報社總編輯的粘振友道：

杜主筆的快筆，真倚馬可待！

粘總編輯笑道：

不是倚馬可待，而是倚馬可「得」——得稿費！

這則諧趣，似乎自誇，但實係廉老師嚴格督導糾繩之力，引此以不忘師恩。

熟讀後而爲文，篇目漸而進及論、孟、荀、莊、老子、禮記等的重要篇段，大約二年半之中，我累積了四十餘篇朱筆紅批的「墨卷」，考上師大國文研究所之後，某次同學聚會時，被詹洞霞同學索閱，他離臺赴美，鴻飛杳杳，我的練筆痕跡，隨之泯沒。

（五）吊車尾考上師大「國研所」

這苦修苦練，這教導和互勵，有了卓著的成效，在僅約三十餘人的班級中，造就了四位研究所高中，三位高考及格，五位臺北市國中老師甄試及格，其後六位登上大專院校的講座，足以使廉老師、李老師寬懷；淡大校史，未必知道這些績效，何況事過多年，日夜間不是聲韻學上的「陰陽對轉」，而是「陰陽隔別」，我深有此類感受，在畢業之際，我申辦臨時畢業證明文件時，因學生證交他人辦購公車票，至教務處的某女職員，要求要出示學生證時，我說明了原委，以有我照片、姓名的另一身份識別證，以證明「正身」，她先以證件不符爲由，不願受理，經我據實辯爭，勉強同意之際，身側的某位男士，似出於義憤，也許是護花，也許是嫌我的糾纏失禮：

我知道你是杜松柏，但不得無理取鬧，她是你的學長，可以在台上教你，

我甚惱火，回答道：

知道我是本人，仍索看學生證，有此必要嗎？站上講臺，當然是我的老師，

但要上了講臺才是老師！

似乎火上添油，更激怒了這位學長。我們知道他是管理夜大的年輕新銳，均係日間部的菁精，夜大只創設五年！但社會並未重視，定位是推廣教育大學的輔助班，甚至是在補習班之間，混文憑而已。其所反應，正是此一心態，他激怒了，口不擇言道：

不要囂張，你縱然畢業，我也可以註銷你的畢業證書。

我也完全失控於他顯然是無位無權而又作了無法的傲慢表現：

我重視這張證書，但已不必靠它吃飯，我現在不要這張畢業證書了，倒要看看如何被註銷，誰敢不發給我！

這位學長，受不了我的撞頂，向戚主任告狀，我也不甘罷休，隨後入見：

你快畢業了，不要惹事生非，他是教務處的職員，要管理學生，去道個歉，賠不是吧！

我慷慨陳訴了事情的經過，然後發砲擊：

老師！學校是以職員為主，還是以學生為主？職員是幫助學生，還是逞權位強壓學生？知道了我的姓名和學生身份，還強索學生證，合理嗎？是不是找麻煩？我在校循規蹈矩，憑什麼能註銷我的畢業證書？老師！以你的權位也不能，也說不出口吧！應該是他向我道歉，我自知是夜大的學生，不敢作此要求，隨您主持公道吧！

我的強項和強辯，頂撞了主任，此事也煙消雲散，我受了氣但未受任何處罰。我向同學訴苦，均憤憤不平，此事在日間部，會發生嗎？答案不問而明！

淡大夜校四年，我可以誇耀地告訴我的子女和後代，我創造了學生時期的輝煌，一週不到的準備，以插班榜首的姿態被錄取；四學年的學業成績，有三年成績全班第一，免了全年的學費；二年級之際，以專科的學歷，考上高考；在畢業之前，獲得學校小說創作比賽第一名，學術論文的得獎；畢業學生的致詞，我是撰稿人；最堪注目的，是考上了師大的國文研究所，在畢業典上四次上台領獎，獲贈三枝派克六十一型鋼筆，但書寫不順，我懷疑是水貨。我不否認，我盡了努力，但是老師的善誘，同學的「挾持」，使我創出成績；所謂「挾持」，如荀子所說：「麻生蓬中，不扶自直，白沙入泥，與之俱黑」，豈能不感慨感恩。但在流亡流浪之中，歲月易得，時已行年三十又二，而興馬齒徒增的嘆息。在悠長的日子裡，我忘記了生日，從未慶過生，服務過的單位，有慶生會，也絕不是我出生的那一天，我報戶籍的出生日期是農曆十月十五，舅父袁榮告知我的初生是十月初五，回鄉時，二位姐姐卻懷疑我記錯日期。想通了，不管那一天出生，都是「母難日」，我一生既無一次為母親祝年，又何堪自己慶祝呢？

研究所我報考了臺大、師大，慶幸在師大錄取名額之中，掛車尾而上榜，如家鄉學校的最後一名，坐了朱筆劃的休止符，稱為「紅椅子」。我已倍感高興，因為英文僅考十一分，幸而沒有規定必達二十分等等才計其他考科分數，以得總分及平均分，決定錄取與否；僅有一科有零分，便不錄取。是師大研究所的招考規定。我的英文毫無基礎，也得到廉師母區月姬老師的特別輔導，他畢業師大英語系，為香港僑生，任英文教師，我作過英文作文，經其批改，也買了美爾敦補校的英文背誦課本，死記死背，這次的英文作文題是「圖書館的重要」，也看懂了題目；僅得此區區分數，與日間部同屆錄取的詹秀慧學長相比，她考得七十五的高分，大有天壤之別。可見未經循序漸進的大缺陷，最高的六年英文教學之後，自然根柢深厚，我僅有區區初中一年級的上課時限，何能相比？更有因天資，用功不夠的諸多因素。十一分的成績，決不冤枉。

衝上研究所，創出淡江夜大中文系的應屆畢業生被錄取的記錄，學校祝賀的大紅標語高懸，與高考題名時相同，母校不但未輕視我的榜末名次，似低空掠過；讀研究所的第二年，便聘我爲兼任老師，而不是講師、因尚無此資格。我未問及鐘點依何標準，想必是講師級；李宏基老師命我代他的課，應當是教授待遇；連所得稅也未分擔，是「少不更事」，也因軍人不納稅，故也未知要納稅；我如此走上了講臺；及得到博士學位後第一張副教授聘書，亦由母校發聘，在人事去就之際，雖有是非可議，但情誼上更多恩澤可懷可感。總之，應大書特書：

「淡江是作育我，成長我的搖籃。」

浩浩師恩，亦由此搖籃而出！但當年的雞腸小肚，走上講台時，望望那找碴的那位，有意拍拍書本，顯示被輕視者，已站上講台；當時誇言可以教我而站上講台的人，現在仍在原地「坐櫃臺」，以示得意。現在回想，又何必呢？重要的是能尊重他人，不看輕他人。我在兼課時，也效廉老師的精神及方法，引領教導後起的學弟、學生，其後多人也得高學位，薪火相傳。我到了衰邁之年，仍聲氣相通，偶有所命，他們輒欣欣效勞，有的教師節寄賀卡，仍稱夫子；有的春節奉酒茶等禮品，以示不忘。楊家寧等系友，我們約定春節必至廉老師府上賀年，白頭師弟，在淡大夜校學業結束已四十餘年之後，遵守著這自動形成的傳承，尊師重道，見證了「平生風誼兼師友」。想必現在淡江的「掌政者」不會知道，也許他們也無意知道。近年淡大被教育部評鑑爲私立大學第一，已夠滿意了，這一傳承，即使知道了，似不足道。我在流亡流浪之餘，淡大夜間部是我「築夢」、「圓夢」的大起步，廉老師等恩師的培育，起了成長的催化作用，我的仿傚，實是自然而然的影響，「善歌者使人繼其聲，善教者使人繼其志」。恩師多人，以淡大夜校爲壇場，起了無形的影響。擴大言之，臺灣奇跡、臺灣經驗的出現，教育起了類此諸多的作用，是不能缺少的原因，因爲要提高一地人民的生活水準，必先提高其地人民的教育水準，而夜大的推廣，及現在約一百七十餘所的大專院校，或有浮濫的副作用，但必然提升了教育水準才能生活升級，我的得學位，以及其後的衝刺，見證了這龐大而無倫比的效果。

圖十九：淡江師生合影，前排右二廉師永師，
左二李師宏基，後排左一作者

圖二十：與同班好友施人
豪教授

圖二十一：與舅父袁榮、
舅母于氏合影

圖二十二：中立者淡大夜間部主任戚長誠教授，
左為黃來發同學

圖二十三：攝於畢業典禮右二為作者

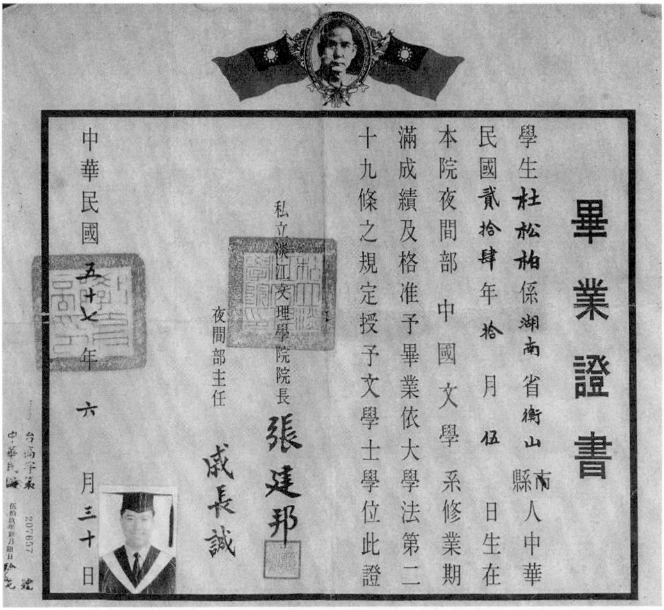
畢業證書

學生杜松柏係湖南省衡山縣人中華民國貳拾肆年拾月伍日生在本院夜間部中國文學系修業期滿成績及格准予畢業依大學法第二十九條之規定授予文學士學位此證

私立淡江文理學院院長 張建邦

夜間部主任 成長誠

中華民國五十七年六月三十日

圖二十四：淡大畢業證書

考試院高等考試及格證書

杜松柏民國貳拾肆年拾月伍日出生男性湖南省衡山縣人應五十四年全國性公務人員高等考試普通行政人員文書組考試經典試委員會評定中等及格依考試法第十三條之規定合行發給及格證書此證

院長 莫德惠

典試委員長 程天放

考選部部長 李壽雍

中華民國五十四年十二月二十一日

圖二十五：高考及格證書，早於淡大畢業證書三年

八、師大碩士的折磨

臺大、師大、政大當時鼎足而立，先後設立文學研究所的碩士班、博士班，而又以師大的設博士班最早，復又「系」「所」分離。考上師大的「國文研究所」，這名稱頗爲特殊，其他各校均稱中文研究所，師大之稱「國文研究所」，應係先有國文系，設所時順之而立名，其實頗有名實上的爭議，「國文」因初高中均有國文課，「國文研究所」是教國文的高一級之師資訓練？和以此國文課程內容爲研究主題嗎？如果如此，則必涉及課程、課文、文言、白話方面的語言、語音以至教材、教法方面等的研究，而碩士、博士班的論文，均未涉及。如果涉及，則頗多已非學術研究。所中雖有文字聲韻的研究，也屬於學術方面，極少與國文教學等有關。但入學之後，對此毫無爭議，因與各校的中文研究所無別異。論文題目，均由指導老師授與，多未顧及研究生的意願，及其將來學術研究的發展。我碩士學位論文的受折磨，博士論文的有風波，其主因在此。

（一）非純種的一匹馬

考上師大研究所，能上榜的，自以師大國文系的畢業生最多，以我這屆的錄取爲例，似乎除我與詹秀慧之外，只有來自東吳大學的耿慶梅同學，而我又是絕無僅有的夜大畢業生，自認雖有黑馬的出線姿態，其實只是非純種的一匹馬而已。所謂純種乃本校本系而考上研究所的人，得天時地利人和，如老師、藏書、行政事務等的週知。在應考時已有此感，師大國文系畢業生才是「純種」，這是感覺上的，又係自然的師資、課程等所形成。試以專書考試而論，在校的學生，理所當然地知考那一專書如《莊子》、《老子》、《廣韻》、《楚辭》、《文心雕龍》等，何者易考而得高分，而且在系內講授此書的人，即考研究所時出題閱卷的老師，修過此專書的在校畢業生，一學年之中，有期中期末考，已考過四次了，似不必收集此專書的考古題；而且自然地選定「底水準」、「高得分」的命題老師之專書，因爲在給分時，老師常有寬嚴各異的差距，嚴格地以七十分爲此考科的最高分，則考卷能獲六十分的，已非易事；寬鬆的以九十分爲最高分，則得八十分的亦非難事，這無形中上下二十分的距差，外校生絕難知此訊息，而有以見「純種」、「非純種」的分別及形成之一班。各校得地利、人和的畢業生，考本校的研究所時，均係如此而較易順利錄取。不僅師大如此。我憶及應考時的口試委員，爲李曰剛先生，看了我的報名表後問道：

淡江畢業的，英文考的很好吧！

我據實回答：

我的英文很差。

我的專書是《文心雕龍》，他是此學科內的研究者：

《文心雕龍》，考的不錯吧！

有見仁智的評分問題！

多多努力吧！師大的畢業生，應屆考取的也不多！

那不到三分鐘的面試，不知有何評分的分量，李教授的安慰，似已宣告我已落榜。私立大學，夜間部的出身，依他的經驗，作此判斷，完全合理，有何資格，與師大前後屆的菁英，爭一日之長呢！

我非師大的學生，諸多師大的教授，不會知道姓名，以至那古老的建築和環境，除曾翹課聽講的一間教室外，均係陌生，又如本屆以榜首錄取的同學，在校時已為多位授課老師，許為千里馬。故我在入學時，認為最洽當地比喻，只是非純種的一匹馬，已在其後競爭的起跑線上跛了腳，因為又是榜上最後一名。

入學之後，同學混熟了，有共同必修科，同堂上課，雖年齡不同，經歷各異，有的已任教多年，雖課餘各自生活，各自發展，不相聞問，但我消除了非純種的感覺。我曾是上尉軍官，高考及格，任職總統府，接近過中樞，故私立大學，夜大的學歷等歧視，多被消除，但言談之間，仍無意被涉及私立夜大。我曾向同鄉詩人，先我約三屆的學長張夢機就我的非純種而抱怨時，他解答道：

沒有什麼！也不必奇怪，師大的學生，尤其日間部畢業的，幾乎人人自負，未必是針對你，何必多心。我受此安慰，大解心結。他是師大系所中的奇才，畢業於體育系，以特出的詩才和詩人的天資，雖後我而得博士。乃是我最欽佩的年輕詩人，且其詩作，壓服了諸多老宿，偶然的會晤，同鄉的情誼，即如素識，曾爲我謀兼課，以後是師大師友所組成的「停雲詩社」，常相唱和的詩友，而且豪邁、風趣、惜其後任教中央大學，赴大陸旅行歸來，因旅途勞累，血壓過高而中風，自此以輪椅行動，困於新店玫瑰城的自署「藥樓」中，著作達二十五種，而以古典詩創作，曾獲全國中山文藝詩歌創作獎。我記住他的沉痛佳句；「他生願作賡吟客，此日猶爲待赦囚」。瘖口難言，仍出了多次創作的詩集。我撰此稿時，他已大去，我因閉門獨居，未獲音訊，遺憾未能往弔。我前後的師大國研所畢業如陳新雄、黃永武、婁良樂、張夢機、陳滿銘、尤信雄、沈秋雄、傅光武、文幸福、陳文華等，共起吟情，組成吟社，每月定詩題，古體，近體，各賦一首；由汪中老師任社長，陳新雄學長任監察人，唱和長達十餘年，期間「停唱」後又再起，而於二〇〇六年，選成《停雲詩友選集》梓行。我受了認同，不是非純種的一匹馬，我的此一認知頗有偏誤。

在師大研究所日久以後，方知所內考試命題的老師，多係校外，國文系內的極少，減低了「純種馬」的形成因數，我報考的專書，係由高明老師命題評分，高師知道我僅考得六十多分之後，笑著說：「已不少了！」而現在各校的「純種馬」，是不是越來越多了？如果如此，則非「好事」，而係可能立門戶的「禍事」。

（二）追隨魯師的渴求

圖二十六：侍立魯師實先生右側

在淡江夜大的求學期間，認識師大名師最早的是魯先生實先，次則為在畢業謝師宴上，謁見國文研究所所長林先生尹（字景伊），在學術的追尋，學位的獲得上，有關鍵性的啓導和決定性之影響。

引我及魯先生之門的，是同窗好友施人豪，在夜大四年級時，人豪已至師大傍聽魯師的文字學等課，先成了及門弟子之後，特約定偕我同往晉見。魯師寓居和平東路靠近安東街市場附近的師大教員宿舍，他住一間公寓式樓房的底層，入門有小花圃，由小徑穿行，入室之後，老師赤膊，著頗似武打裝扮的長褲，不待行禮及通報姓名，便大拍胸脯道：

這是坦誠相見！

繼而揚眉瞠目道：

我尚無湖南學生，你好好努力！我無門戶之見，也沒有祖宗牌位可責！

聆聽這後語似不接前言，當時很難體會，但見其肋骨磷峋，流露的是其傲氣、自信、任情等；無整其衣冠，尊其瞻視的學者風範；此刹那間的感受，只是不羈的野性，和有以天地為廬舍的氣慨。而滿室圖書，攤卷錯雜於茶几坐位間，在「卜晝卜夜」，手不釋卷。傳聞老師查一字的事證，往往翻遍四史等書，真是學者求實求真的顯示。其後方知老師於長沙念明德初中二年級時，厭課業冗雜而無急效，乃辭退而購經史等典籍，閉戶自學自求，根柢於《史記》，認定是「文章淵藪，經義叢林」。後至杭州，閱四庫全書之典藏秘笈；北遊京師，訪圖書珍藏，及名儒講學，曾於上課時描述北大某名家的講文論述，在朗誦一段原文之後，大讚「好！好！再誦一段，復道：「更好些！」，如不目睹親炙，應不足以知之！他似無常師，但體會了乾嘉考據校讎等方法。于日本學者瀧川龜太郎以《史記會註駁義》得博士，而抉發其謬誤，尤以所顯示之曆法及演算等成就，震驚士林，大受知於長沙的學界大師楊樹達，經其推薦至復旦大學任教授，時年僅二十八。環顧古今，自學成功的，差堪相比者，相傳唯有王弼一人，以早卒而遠不及魯師的成就。在「大風暴」中，魯師逃亡至香港，以鬻文維生，郭沫若曾多次函電力邀其回大陸，魯師告以「可以南走千里，不可北上一步。」來台後至嘉義中學任教；後應聘至東海大學，及至其後改爲中興大學的台中農學院任教，民國五十年方移講席於師大。我的失學和自修，與魯師相較，他是莊子形容的海天鵾鵬，而我則如步躍籬簷的雀鳥。故由仰慕而成了如「追星族」的魯門之一員。

淡大夜校，與位於和平東路、金華街口相接的師大，約數百公尺，時魯師授文選課於師大夜間部，我和施人豪蹺課往學，至今久記未忘的，是魯師講的〈韓信傳〉、〈項羽本傳〉、〈高祖本紀〉，於文章法、取材、承接、回應、省略、入微、尊顯主題等等，得到諸多前所未有的啓示。如與淡大李老師做比較，使我粗知文章的章節綱要，能立乎其大，而不失題意；於廉老師處，知道如何迅捷遣詞用字，成章表達等；於魯老師處，則知道如何全篇照應，而自行鎔裁潤色。爲文之時，我常苦於連字聯辭，難以達意成章成篇，魯師教我抄錄，或熟記四字爲單位的「成語」，認爲此如購建房屋的磚瓦等建材，人人均可取用；四字之外而聯用，則近於抄襲；更進一步則爲明字義，通訓詁之後，能自造字句，以曲達或直陳文意文理，明示詩人詞客的名句，奧妙多在於此；否則將困於一字，窮於無辭，難以成句成章而達，更難以成句成章而妙。老師更現身說法，他於古文未曾熟背一整篇，爛熟的是巧妙的辭句，爲文之時，字詞爭赴筆下；更高聲長吟〈歸去來辭〉、〈師說〉等篇，不惟段落分明，字義辭意的斷續，一句的輕重，句間聲調的承接，辭義的聯貫，隨其吟誦而表達，桐城派「因聲以求氣」的妙處，因之大明。魯師總結道：文章的通不通？由其朗讀古人文章的表現，就可以知道。抉發了朗誦以暢其氣，低吟以玩其義之奧秘。

魯師的教學，上課之前約半小時，已至教員休息室，常默然獨坐；聞鐘聲而起，常餘音裊裊，已至講臺前；以係湖南寧鄉人，方音極重，其後在香港的某學院，知道某女老師曾在師大修魯師的文字學，我好奇求解而問道：

您能聽懂魯老師的湖南腔嗎？

她搖搖頭，雖係回憶，仍苦笑道：

那能聽懂？十天半月，只聽懂了他罵王八蛋。

其實更有不雅的五字「國罵」，我系湘人。自無隔閡，但其他各省籍的學生，乃「先難而後獲」，在突破語言困難之後，很多成了他的「粉絲」，在師大國文系的最大教室，可容百二十人以上，選課的學生，一班常在四十人左右，常與旁聽者起爭坐位的糾紛，多有社會賢達及碩博士班的研究生，魯師問明了起因，硬性規定道：

前五排讓旁聽者坐，他們是你們的師長輩！若你們認為選了課，損及了上課的權益，那我就不教這堂課，另請高明！我則別開一班！

這強勢的威壓，才平息爭坐位的紛擾。我是其中之一，也是見證之一。

碩士班的課程不多，名師不少，但我追隨魯老師，有他的課必選，或欣然旁聽，如影迷般，成了「魯迷」，滿足「國學天地」中的知識追求，「虛而往、實而歸」，自謂獲益非淺，尤其文字學、甲骨文、金文等課，誠有聞所未聞之感。

魯師講鴻門宴時、劉邦、項羽諸人的位置，事件的發生、爭鬥的場景及過程等等，如現在電影導演的「腳本」，史書應如此詳細嗎？何以太史公如此詳記，老師指出：此乃漢興楚敗的分水嶺之故。進而說明文章的詳略的理由及作用；太史的苦心經營，如何寓褒貶，明善惡，隱伏於文句的扶發，乃博覽之餘，所生起的慧識，方能曲悉其妙。但所舉的理由，正反俱呈，極詳明之能事，所引的證明，根據確鑿，臻於幾無疑、幾無可議，使我這等學生，不但興觀止之嘆，也窒息了一些進而探求的氣機，難於繼承他的所學而發揚之，主要是我的不善學，但魯師未引發繼起而求索的動力，或許是一點點的缺失，而起「教亦多術矣」之嘆。

魯師最引啓我思想方面的，是在午夜間談之時，問及其治學方法，老師高聲道：

思之思之，鬼神通之！

聊聊八字訣，成了我如禪人參「公案」、「話頭」，念茲在茲，爲一生致力的大方向，由孔子的「學而不思則罔，思而不學則殆」、孟子的「一旦豁然貫通焉」，荀子的「大清明」等，再通向亞理士多德的傳統邏輯、印度的因明學、笛卡兒的數理論理、杜威的實驗論理學，黑格爾的辦證法，引闡到我的國學治學而立了頗多的治學方法。進而審知由思想方法的根本，乃出於理性的「先驗性」，而主張無一定方法的「暗與理合，匪由思致」，如直覺、如開悟等法。不論是我的創見或愚見，誠然受了老師閒談間的教導。因爲魯師隻身在台，孝養師丈渭平將軍之外，常喜學生至其寓所夜話。

我也感激魯師的情誼，我肛門患了「漏管」而開刀，進入緊接和平東路的郵政附設醫院，老師知道了，拄杖突然而至，略詢病情，撂下幾句話：

小病小痛，沒有關係，要用功！

老師不喜交際應酬，他曾偶然透露，孫立人將軍欲至舍探訪，他以「莫要來，我家只有木板凳，沒有沙發」而拒絕。這一探視，能不感銘。我婚後得子，正牙牙學語，攔之進謁，老師含笑逗弄，送了二百元新台幣的紅包，某位學長聽了我的透露後大聲道：

你真大膽！前些年某學長帶兒子見老師，被罵到：什麼都不會做，只會生兒子！

我聽了咋舌，但體會到老師的轉變，已由剛傲到慈祥，也許對我滲入了湘人的鄉誼，又如王永誠、王大千二位同門友，老師著其入住，雖頗似「伴讀」，但不交任何食住費，僅要求每天要用功八小時，不是師恩嗎？老師愛罵人，罵了古今應罵的人，學生自不例外，他的任情使性，自有誤會誤罵者，但受教誨，中宵的閒話啓迪，我感受到：雷霆雨露，悉是師恩。

(三) 宋代曆法的苦算

「曆法」、最簡單的解釋，是「治曆明時」，亦稱「曆算」、「曆術」、「曆數」等等。即依據日月星辰的相互運行，有一定的軌道和變動的法則，而加以推算，得出一年三百六十五天有餘，其間有「氣」，二十四氣；「朔」——每月的初一，按天干地支，排成朔閏表，名之爲「曆年」、或「曆本」，由天子頒行，四時的時節順序，遂告確定，作爲農民耕作，政府行事，歷史記錄的時間根本，所謂史書的「編年體」，即主政者等的事件作爲等，以事繫年，某事發生在何年何月何日？由春秋左傳、至各代各朝的史事記載，均依照一年的年月日的發展順序，記載成文、而本末的過程才能顯現，小至每個人由一年而一生，所謂的「行誼」，擴大到太陽星系及諸星，存在了多久，才能以年爲時間計算單位而推定。曆法最明確的呈現，即所謂的「曆本」，如現在的「農民曆」，清朝以前，由帝王所頒行的，名爲「皇曆」；後以清高宗名諱有「曆」字而改名時憲律。可以長久不誤，故俗名「萬年曆」。現代的掛曆、桌曆、農民曆等，仍非用不可。

曆算、曆法、曆本等成爲曆學，漢代已設有專官，史記有天官書，其後各代均有曆書，於是有曆法的專家、專書，如後漢書的〈律曆志〉，曆法有黃帝、顓頊、夏、殷、周、魯古六家，乃依朝代先後而成的曆家，因不見曆本，成就如何？已不可知確知。而治曆術的人，稱爲曆家，其來有自唐代設有造曆書的曆博士，和從學的曆生，是各代專設的曆官的代表，私人從事此一研究的人，稱爲曆師的，更繁有其人，如清代梅文鼎的《曆算全書》，有七十四卷、十六冊之多，四庫全書有天文算法類。可見曆學成了「學海」之一。在科學未進步至發現太陽星系運行真相之前，誠神秘推測，玄妙難知。就歷代的曆學研究而言，經由新王朝建立以後，經過曆算而建立的曆本，作新的頒行，以「敬授民時」，又乃顯是朝代更換，故各代有各代的曆法，與斷代史的「斷代」，有相同的意義。

魯師是民國當代的曆學權威，乃退學自行讀史治史時，由〈史記天官書〉切入。這一無師承指授，僅就文字記載，而能探得微妙，索盡隱秘，不得不佩服其「驚才絕艷」，表現此一傑出才份和成效的，在其所著《史記會注考證駁議》一書中，楊樹達的序文推崇其成就云：

君則於〈春秋〉魯昭公十七年日食一事，以古代曆法五十餘種詳事推核，於蝕分加時之數，又據〈時憲律〉細為按覆，適用古今曆法考核一事，左右逢源，信可謂超越前儒，古今獨步者矣。

這「古今獨步」的推許，魯師當之無愧。因爲自漢代至清朝，曆法更變凡六十餘次，而他無一不通究其詳實。他認爲曆譜自漢太初以來，有明確的記載，於正史律曆志的考訂，可以指導門弟子研究，遂由門下王甦撰〈漢朔閏考〉、賴明德撰〈魏晉南北朝朔閏考〉、田博元撰〈唐五代朔閏考〉、蔡信發撰〈遼金元朔閏考〉黎建寰撰〈明朔閏考〉我是最後研作〈宋朔閏考〉的學生。也是同門學長選剩的一種。

曆法之所以稱「曆算」、「曆數」、又以稱「推步」而又最切實際，均依據日月五星運行而求得的數據，形成計算的公式，一步一步地演算，排出一年由正月初一到一年結束的「曆本」，計算稍有誤差，這一年的「曆譜」、「曆本」，便無法排出。

演算數據的獲得，是由「日月合璧，五星連珠」，假設這七大星球，排成一直線時，各星球開始運轉，因速度不同，位置有列，而有不同差別的數據產生，演進到這一曆法計算開始的年月日，謂之上元積年，簡單地說，如《淮南子、本經訓》：「星月之行，可以曆推得也」。每一曆法的上元積年不同，積年的下距年代數字，常多達二十位以上，要依照曆法的算式，用筆一一計算，得出不能有誤差，以確立一年的朔、氣節、閏月，月大、月小等。於是才完成「算日月行道所歷，計氣朔早晚之數，所以為一歲之曆。」見數字便頭昏，是我的天性使然，當時電腦功能，仍在低能量的計算機之發展階段，不但未有此一算式的程式設計，而且低到加減乘除的運算，亦因位數太大，不能輸入而計算。我三年的研究光陰，大多耗在操筆的紙面計算上。宋代的曆術疏誤最多，有二十四次曆譜不合時令和天象，如月之十五，月應圓而不圓等，顯然曆術錯了，不得不另行造曆，便增加了二十四次的算計次數，不能一算式推算到底使我多了許多的折磨。幾乎可以擠出的時間，都在苦算，如出現粗心的誤算，要一次又一次的重算。完成朔閏的曆譜之後，在查閱宋代有朔閏記載的典籍，正史之外，旁及個人的詩文籍、年表、年譜碑刻等是否與做成的曆譜相合；再與前人有曆譜之書，如〈二十史朔閏表〉、〈長術輯要〉作比較，考證錯誤，得出正確的朔閏才是考的意義。魯師於論文的指導，極為簡略，於曆算原理及方法，僅略有說明，便授以算式，囑自行演算。似以本身無師自通，演算迅捷，認我也應能如此。這長久的推算折磨，除得學位之外，僅磨掉一些粗疏虛浮習氣，養成較多耐煩踏實的耐心。越益驚詫於魯師秉筆精算的諸多曆譜和曆議的引證。很意外的是我的論文〈宋朔閏考〉裝訂時，送一冊與陳君廖安，他因此深入研究，成為繼起的曆學權威，並能撰成博士論文。我有幾如門外漢之嘆。可見學術研究極有情性投合的緣份存在。

由於不知太陽星系的運行真相，而又無望遠鏡等精微觀測器材，古人僅憑太陽顯示的日夜天象，時間長短變化，春夏秋冬的寒暑不同；月亮的暗晦生光，圓缺的規則變化，月亮與太陽運行關係顯示的日食、月食、日月有時相對出現等天象，而演出曆算，有陰曆和陽曆、陰陽合曆的曆法、曆書，乃智慧絕倫；至於日月合璧、五星聯珠的設定，有上元積年的出現而成算式，多有推算不確而失時改曆，頗有理論的錯誤，但實乃太陽星系中諸星的真實狀況不明的主因，如不知地球為星球，又繞太陽運行；不明太陽為恆星，地球為行星，各星運行的時速，軌跡等，幾乎無知，而能有接近真際的曆法、曆本的形成，是何等的不容易；更可貴的，能實事求是，由曆本與當時的天象現況不合，便廢此曆而造新曆，曆家必然精思竭力，檢討缺失，出入以往曆法曆算之中，以求解決。我認為最巧妙的誤會，是地球和太陽地行星和恆星的角色，竟然能對等而相換，未使曆法在基本上失敗，使曆本不能成立而無功。顧炎武論此云：「日食、月掩日也，月食地掩月也。今西洋天文說如此。自其法未入中國而已有此論。」（見〈日知錄天象術數〉）他未證明「已有此論」的證據，實係西方的天文說。現代望遠鏡、電腦等精密器材的使用，太陽星系的運行狀況已如實呈現。曆算之學，實已沉寂，而爲古代可貴學術之一。而我僅獲學位，貢獻及心得幾全無。

（四）、點經籍的低效果

圖二十七：與所主任林尹老師合影，
後排左二為作者

國文研究所「主政」的林尹景尹老師，乃其同輩中獨特獲得碩士者，爲張太炎、黃季剛先生的「嫡傳」；抗戰時任諜報工作，與師母俱以「國大」代表來台。他的人情通達，交往圓融，自非魯師可及。玩味魯師的「無祖宗牌位可賣」，隱然指此；其實有了師資傳授，自然學必稱師，對岸諸多學者，毫不諱言章、黃一脉。我正式謁見林師，是在我班畢業的謝師宴上，以系國文研究所新鮮人，被同窗拱而侍座敬酒佈菜，林師當面告誡，不許自找論文指導老師，隱有排魯之意，二師間的失和，碩士班的同窗幾乎人盡皆知，魯師大去之後，林師的輓聯有云：

論學雖參商，斗酒隻雞，未忘前約（上聯）。

在文字學上，林師大弘黃季剛先生的「四體二用」說——象形、指事、會意、形聲，爲造字之體，轉注、假借，爲文字的應用之法。而魯師針鋒相對地提了「六法四體」——即象形等六書，皆造字之法，造字而成的形體，爲象形、指事、會意、形聲，而轉注、假借乃是造字的輔助條例，而撰有〈假借溯原〉、〈轉注釋義〉二書，以證明闡揚其說；「論學雖參商」，其意如此，但斗酒隻雞的約會，顯示了二人之間的友誼；我決定了「宋朔閏考」爲論文題目，極自然而順理成章，林師請魯老師爲我的論文指導老師，未有任何「參商」之見。

關於治學方法，林師常大言他的「賣耳光哲學」，當時覺其生動有趣，現已難追憶其詳細內容，我所體會的，是言必有據，如果產生了理由考證判斷結果等誤失，也有受過之前人，而代我捱「耳光」等等的含意。

林師主「所政」，於研究生帶來的影響，無人能例外的，是圈點經傳等重要古籍，碩士班、博士班所圈點的書，各有不同，但人人均準備了藝文印書館的十三經，因全未標點斷句，可以顯見我等圈點的細心與是否正確，進度如何等等；林師於開學時，詳細說明此一用意及效果，並要求「眉批」，由他每周檢查各人的圈點情況及進度；又再三警告，學位論文口考時，必先查核，是否全部圈點完成，否則不能畢業。並嘲諷未作此圈點古籍規定的研究所，是任學生玩二年或三年。彷彿不如此治學，則「遊談無根」。對此「鐵板規定」，雖無人公開反對，然「腹非」者甚眾。我深以爲苦，而又受其害；最先圈點的是《段注說文解字》，每周上課時，由住地士林公車站乘公車至師大，因係發車首站，必有坐位，趁此餘暇，力行圈點，原本近乎一點二的視力，一年後體檢時，驟降至零點五；諸多的古籍，因所記事物不存，典章事件的變化，已難以明白，均無從考查，故難以正確地標點斷句，更不能求「甚解」、「確解」，而如天女散花，朱紅亂施；即以《說文解字》爲例，甚中有諸多的「死」字，除了如魯師等的聰明及日久功深，方「死」字能「活」。又芸芸眾學子，誰有過目不忘的本領？誰有深厚的造詣，能披文知義，而圈點得間得益呢？如三禮諸書，其中的諸多篇目、文句、真如耕石田，難求了解，故無多效益。在點書時我常惋惜興嘆，如任學生作同份量的書目的自由選擇多好？我會樂意選定〈四史〉、〈資治通鑑〉、〈中國文化史〉、〈世界通史〉、〈日知錄〉、〈經籍纂詁〉、〈文心雕龍札記〉、以及〈隨園詩話〉等，效果必然好多了。如能與論文的研究或方向相配合，如果我圈點了各史的律曆志；或《曆算全書》，必然對曆學的理解不同，而成就有別！

當然，凡走過的，必留下痕跡。但對點書，我認爲是同於完成〈宋朔閏考〉曆譜計算的大折磨，雖不能說全所所得，但是乃效益無多的底效益，得了學位而已，也應自負不善學的責任。

「不經一番寒徹骨，焉得梅花撲鼻香」。我不敢以之作比擬，但這一我所認定的「折磨」，是學術上的訓練歷程。突破一重困難之後，相對應的，是境界的開拓，知識領域的擴大，了悟自己應走的道路；而且繼前人的「慧命」而發其光輝，或正其誤，辨其迷，所謂「前修未密，後出轉精」，方能呈現。對照以前我流亡流浪的生活，更有極大的不同，以前只是求能存在的辛苦保命；現在步入了「築夢」而能「圓夢」的地明顯可見的，距衝博士，只一步之差。但仍困苦雜多而當路。

九、先難後易成博士

在學術界，學士、碩士、博士，恰如金字塔的由下向上的建構，比之於前代千餘年科考的秀才、舉人、進士三等級，非常形似，但有難易的不同，以學士而言，公私立大學、日間部夜間部錄取了，幾乎學位必得，而秀才的考取則不然，多少老於三更燈火五更雞，辭世之際，仍係「布衣」，稱之為「童生」或「老童生」。現在的學士，則幾有求必得。但在人數的比例上，學士千千萬萬，各校錄取的碩士、博士班學生，係十分之一，或百分之一。所以頭銜可貴。尤其博士一級，有人升至教授、大學學院、院長，仍屈身修博士，兩岸均有其人，對岸更有「暗規」，有博士學位才能成為博士生的導師，增加了此一名器的競爭力度。在台灣初設博士班時，每研究所僅有一名額，因需要或因競爭激烈的壓力，至我應考時已增至三名，而且係公費，有講師級的薪資，其後因財務負擔沈重，教課與自由研究的勞逸不均等，而改採「獎學金」的方式。故博士名銜，係校內校外的碩士生，自入學以至畢業多年，仍是孜孜努力的高標的，我也未能例外。但難度極大。

（二）一篇心得的影響

林老師在當時號稱「博士之父」，謠傳凡拜門的才係入室弟子，具有錄取的優勢，故有我受知的老師，戲謔地告誡道：

博士可求，頭不可磕！

磕頭爲林老師入門的條件，傳聞頗盛，其實不然。以後林師的入室弟子閒談中無意間透露，只是堂前高掛季剛先生的影像，林師立於像側，學生向黃的影像行三鞠躬禮，再向林老師行鞠躬禮而已。此「禮從宜」的變革原則，以鞠躬代替磕頭，甚爲得當而合理。我既未磕頭，也未行三鞠躬禮，自非林師的入室弟，也無此資格，因爲由魯師擔任碩士論文導師後，便歸於「魯門」或「魯派」了。

我入師大之日，便暗自期，要於碩士外，得到另一張學位證書，淡大同窗好友、授課的師長，尤以此作策勉。但此一歷程，實如「蜀道之難難於上青天」，更有幾無法化解的障礙。我是淡大夜間部畢業，又係榜末錄取，入學之日，實已失去博士之望；而且師大的知名教授，無一知我，情況已如前文所道，只是一匹非師大純種的馬，故而望此誘人的名銜，已有心無力，但也激起了絕望中的奮鬥，知其不可爲而爲之。

研究生每一學期的學科成績，不由考卷評分，而由學期結束後的心得報告作考評，師大出身的純種研究生，多已耳聞，且有前期學長，甚至任教老師的指導，可以作資訊等方面的「顧問」，而我毫無此優勢。幸而系、所之間，因各自獨立而師資不同，所內的教授極多外聘，無形之中，拉平一些我與同班學友競爭上「地利」、「人和」上大有不如的形勢。我在作心得報告時，必竭盡心思、才力，全力以赴，如獅子搏球，每一科課無不如此，影響最大的一篇報告是「文學理論研究」課，出爐之後，產生了幾乎扭轉全面劣勢的絕大影響力，即《劉勰的文學批評論》，任課的華仲麐老師，在第二學期的上課首日，以他的雲貴口音問道：

那一位是杜松柏？

我應聲起立，華師震全場地評論道：

「這才是好文章，也是最用功、用心的心得報告，我甚為欣賞，他寫的是《劉勰的文學批評論》可以說讀通了劉彥和的《文心雕龍》，又能融會綜合；我已推荐至中央日報副刊發表。」

華老師係考試委員，原爲東吳大學國文系的教授，至本學年方延聘來所任教。其後我更知悉，老師是貴州世家，家族有諸多的事業，以茅臺酒最知名，有「華茅臺」之稱。抗戰時，中央政府遷治至重慶，老師追隨陳立夫先生，在教育部任秘書。於「大風暴」掀起時來台，立法院長張道藩欲請其出任秘書長而不就。其留學英國時，帶有司機、廚師，傳說他曾數落任律師的哲嗣道：

你是什麼大少爺？只有我才是！

可見其任情自負的概況。我經此品題，如登龍門，成爲有了聲勢的黑馬，甚至他公然當我面向林師推荐道：

杜松柏不唸博士，誰唸博士！

我的榜尾錄取，私校夜大出身等劣勢，似乎全部消除了。中央日報副刊將「心得報告」全文刊出之後，更產生了一些意想不到的後效，如與主編孫如陵先生建立了「文友」的關係，《劉勰的文學批評論》成了兩岸「龍學」研究論文篇目收錄之一，頗受重視。在我爲《宋朔閏考》的曆算所苦時，知友建議道：

何必如此自苦？將你這篇大作，就已有的結構、資料，用文言文寫，一定能通過碩士學位考試的！

其時可立見的影響，是駢文大家成惕軒先生，經由所內的前期學長張仁青，邀約我至「成府」「小酌」，成先生曾在師大國文系兼課，菁英弟子甚多，有的已屬講師級。筵席由夫人主廚，佳餚盛陳，引我上坐：

今日特別請杜先生，師大其他的同學作陪，都是我教過的學生！

這是我一生之中，受到最隆重的禮遇，誠惶誠恐有不能承愛之重！老師！諸多學長在座，他們已是老師，我何敢僭越！

不然！今天的邀請是看到了你的大作，非常高興，延攬人才，也是我的職責，不必推讓了。

在餐敘之前的應對中，知道成先生是我高考時國文卷的「閱卷官」，前人稱為「座師」，我改口稱成老師。

老師！今天行師生之禮最恰當！請您上坐。

成老師執意不從，此後我更成了成府的拜訪者，魯老師聽了我的稟告之後道：

他是你的座師，也是你的見知師！

我得學位之後，由被聘為高普考閱卷的襄試委員，逾格聘為典試委員，有時兼國文考題的命題工作。我的博士論《禪學與唐宋詩學》出版時，老師以五言古體詩《題辭》有句云：

杜子騏驥姿，文苑騁逸步。析論詩與禪，嘉篇迭流布。曹溪一勺水，沾溉及毫素。譬如繡鴛鴦，金針許暗度⋯（見《禪學與唐宋詩學》、《題辭》）。

原詩頗長，僅加摘錄，「謬許」之句，深有汗顏之感。我最感動的是老師的儉樸，一件白襯衣，補了又補，考試委員係特任官，會缺錢購換洗衣物嗎？

在我治學的過程中，《文心雕龍》有極大的影響，但其後兩岸發展簡稱「龍學」，自版本！語譯、闡評等等，成了一時的「顯學」，我卻退去了研究的行列；一方面認爲諸多引述太過，諸多的專家，把自己的道理，附加於「文心」，說成了劉勰的理論；一方面我以與時俱進的觀點，僅以文體而論，現代的小說、戲劇、散文、詩歌等等，已非《文心雕龍》所可概括；因而設想，如劉勰在今日，仍會如此主張，如此立論嗎？我的心得報告，自然係受到其書的浸潤和影響，但不願一生受其籠罩，以後美國學者蔡涵墨，英文名字哈特門，以研究韓愈在美國得文學博士，曾評述我的博士論文，是繼《文心雕龍》、《葉燮》、《原詩》、王國維《人間詞話》之後的文學理論佳作，當時有人當表示：是他新婚之後的「嘴甜」，在嚴正的學術會場中，是如此隨便嗎？沒有「酸葡萄」的心理反射嗎？如有興趣，大可就以上四者，加以探究。「嘴甜」之說，是否公正而得當。

以上的絮絮叨叨，實因這篇心得報告，在我闖博士及其他方面的影響太重要了。

（二）報名時的大意外

碩士班的在學年限，爲二年或三年，踰三年未提論文或論文未通過，如無特殊原因，則取消資格；師大國文研究所的習慣，應屆畢業生，不能報考同年的博士班，要停一年，何以如此，理由不詳，但暗中冷卻了畢業時的競爭。

我三年獲得碩士，隔年之後，詳細作好研究計劃，及自傳等準備。在報名之前數日，忽接到魯老師的限時信，招我面談，我迅即趕往：

松柏！你準備報名了嗎？

老師！準備好了，去試試看，碰碰運氣吧！

松柏！你一定能唸博士，是遲早的問題！這屆你不要去報名，讓給某某，明年你一定上榜！好不好？

老師的面諭，不但是大意外，也令我非常不解！彼此均可報名，一體應試，有讓不讓的問題嗎？

老師！我報名，他也報名，公平競爭，這是國家的掄才制度，有讓不讓的問題嗎？

話是不錯，但你參加了，他就減少機會了，你反正會上，遲一年也無妨！

老師！我不敢同意，如果我同意讓，是狂妄，詭是無知；而且除我之外，尚有校內校外的諸多競爭者，縱使我讓了，也僅少了一競爭者而已！其人能必上榜嗎？

我懷疑會不會有黑箱作業？據我三年在所內的認知，對上榜的博士錄取名單，多能認同，並無黑函等告密。

松柏！這是不情之請吧！你可以再考慮！

老師！我年過三十，流亡香港，孤苦無依，報名只是求一試的機會，下屆會有更多而又不同的競爭者，任何人不敢奢言有把握！我也是老師的學生，應受與某某同等的照拂，即便本屆幸而錄取，有的八年才得博士學位的，則我已年逾四十，時過而後學，則勤苦而難成！老師您二十七歲成爲名教授，而我現在僅能在學海中作茫茫然的追尋，此一境況，請老師有同情的瞭解和愛護，而且您是我的論文指導老師！

我悻悻然，見於辭色！

好吧！好吧！各自努力吧！我是看好你的！

真是不歡而散，也如烏雲壓領，會不會增加應考時的困難呢？彼此報名，何以我有此大意外？我未怪老師的偏心，他常自承：做人極不公正。老師曾自詡是能帶兵的將才，某同學道：

您當大將軍，要帶華陀才行！

為什麼？

老師發怒，殺錯了人，才可以救活過來！

老師不以為忤，反而大笑又津津稱述。我這次真有被「扼殺」的危險，幸好不是戰場，老師也沒有能殺人的權柄；算是一場小風波吧！

(三) 與魯師的學術折衝

這屆博士班錄取名單發榜了，東吳出身的林烱陽，博士取向是研究音韻學；師大「純種馬」的簡博賢，論文要研究經學；我則係淡大夜間部出身；似能顯示平衡的競爭結果。

與碩士班學生相比，博士生大有不同，均具有大學講師資格，有的提名之後，聲華大振，因為可能是學界的「明日之星」。

魯師約我，一如以往的深夜孤燈夜話，忽然觸及我博士研究方向和學位論文的問題：

松柏！你準備研究什麼？

老師要求我報考博士時的不要在本屆報名，我並未在意，但三年《宋朔閏考》的推算折磨，則耿耿於懷，而作了最直接、最真實的回答：

研究什麼！有了大方向，論文題目，尚言之過早，沒有計劃。但是老師的路，我不能走。似乎大出老師的意外。報考時的研究計劃，只是方向的規劃，尚有選修、必修等課程要修，之後方是論文的決定，更要接受論文指導老師的意見。

老師正顏作色地問我：

為什麼？

顯然惱怒我在學術研究上的「異路」。我以外交折衝的原則，作了正面而懇切的學術折衝：

老師！您是一代宗師，如參天大樹，高不可攀！您的史記、曆法、金文、甲骨、文字學等，前無古人，後少來者，如果跟著您走，則如您樹下的小草，沒有陽光、沒有空氣，能伸出頭來嗎？

不錯！有點見識！

老師！我的個性，曾仔細衡量，缺點在粗枝大葉、不耐煩瑣，很難週密細填；而又不喜依草附木，隨人之後，所以決難走上文字、聲韻的考據研究之路。但自謂肯獨立思考，頗能提要鈎玄、抉擇疑難、解決問題，《劉勰的文學批評論》顯示了這一方向！

老師頻頻頷首，顏色稍稍和悅：

老師！這篇心得報告，必然入不了老師的法眼，我想應不是無一善可取，可能引不起老師的注意力和興趣吧！

我斷定老師不曾寓目，何況他又頗厭惡白話文。

我頗受袁枚的影響，要依才性發展，基本上是避其所短，用其所長，袁子才一生不作曲、不填詞，依他的詩才特出，我認為不是他不會、不能，而是所擅長不在這方面，老師是否贊同學生的淺見，依老師治學的經驗，請指示我的研究方向。

很好！你的態度誠懇，但要找出正確的目標，作有體系的研究，真不容易！

在老師的門下多年，我領悟了獨立自主的重要，不投機取巧，不阿附取容。

現在雖未決定論文題目，但必然要開路獨行！

我以湖南人的牛脾氣，軍中歷練，砲火下的洗禮，向老師表明了決然的志趣。有志氣！去走自己的路吧！但要接受老師的研究成果。

老師，我是魯迷！您是學術的寶庫，我必然會一以貫之，老師在任何班級開課，都會去旁聽，更不敢偷懶缺課。

經過我掏心肺的至誠表白，獲得了老師的認同！但開路獨行，是何等的困難。真有面對學海而四顧茫然之感。

（四）驚險中自定論文題

博士班修業限定四年，但自由放任，年限大有彈性，有延至八年，而繁有其人；經過向已獲學位者的請益，無論四年、八年，最重中之重，是要完成博士論文，以通過七位聘請委員的「口考」；無論四年的短期，八年的長期，最後都要「趕」。故遲趕不如早趕；何況已有家室，四年只有兼課的微薄收入，已不足養家活口；如果浪蕩八年，長久陷於待業狀態，縱使不會淪於流浪時的饑寒中，又何能忍受這失業事實，加上年過而立，歲月催逼，故決定四年之內，完成論文而畢業。

一年級修畢必修學分，論文指導老師已決定是林尹老師、高明老師，消息顯示，依往例論文題目由高老師決定。以至批改，能否提出考試，全由高老師作主；林老師僅看論文，安排考試委員及日期等。他太忙了。

經過我的明查暗訪，論文題目幾全由指導老師決定，之前的博碩士論文是依人依書定題目，以發微補充等爲多，並形成指導老師所訂定的學術系統。我開路獨行的願望，必需克服此重重困難。

高老師安教席於國立政治大學中文研究所，其時兼長所務，係魯、林之外另一型派的學者，他身材高大，儒雅溫和，常臉帶微笑；抗戰時曾出任青海國民黨省級書記長的要職；流亡來台時，家人不及相隨。謁見時我不待其作論文題目的表示，「單刀直入」、先入爲主地道：

我要研究禪與詩的相互關係，和以禪論詩的影響，因為禪的影響重大，涉及宋明理學的產生……。

老師甚表驚訝：

這是有趣的問題，也是重大的問題，相傳胡適之要解決中國哲學史上此一疑問而研究禪，並未成功。松柏！很難呀！你的時間夠嗎？基礎如何？

老師帶著一慣的微笑，反對之意，已溢於言外。

我對這問題深有興趣，也有些信心，但自知學養的基礎薄弱！是不是考慮更改？萬一四年到八年，做不成論文，那怎麼辦？

老師，那我認了；不試一試，實不甘心。

我破釜沉舟，以軍人的決心與擔當，爲自己的研究負責。事前我已考慮老師會反對，所以不待老師定題目，而自定題目；一旦老師代定而宣佈了論文題，再提出自己所擬立，在當時便形同「叛逆」。

好吧！你如此認定，勇氣可嘉！

無異天從人願，一錘定音。我向張夢機作了論文題目自定的簡單說明時，他指出了危險性：

松柏兄！你知不知道，你已失去了護航驅逐艦！依從老師所定的題目，才會竭力護航呀！

當時顯然未深思這嚴重性的後果；木已成舟，何能反悔。高老師當時開了六本書，供我作重要的參考資料，包括《六祖壇經》、延壽的《宗鏡錄》，其後我翻閱收徧佈在各大藏經內的如山似海的禪學資料，那《宗鏡錄》，那四十八冊的巨箸，已有無從下手之感。待大收資料之後，深入考索，方確定了「禪學與唐宋詩學」的題目。更先撰成《宋代理學與禪宗之關係》一文，發表於《孔孟學報》。開路獨行的自我期許，露出了小許曙光。

（五）論文確定的偶然因緣

唐朝是詩的黃金時代，更是禪的黃金時代；在此時代背景下，一係文學作品、一係宗教發展，二者異轍異途，但卻如投水乳彷一砵，而融合無間；宋承唐後，二者並盛，共同發達時，竟多有同途同轍之處，而又相互影響，故以「禪學與唐宋詩學」爲題。以湖南而論，即是唐代禪的發展中心之一，有南嶽的懷讓、石頭希遷；寧鄉是潙仰宗的大道場；我幼少流亡，無緣一至。其所以有此研究意念的萌動，與此地緣無關；乃偶因王維〈過香積〉詩，有句云：

日暮空潭曲，安禪制毒龍。

其時是夜大「詩選」課的第二學期的第一次上課，未發老師的講義，同學「久別重逢」談笑嘈雜，老師板書此詩，費力講解，卻壓不下雜音，而興趣索然，我記住了老師的解說，但心神甚爲不寧，老師的講解爲：

在日暮的時候，空潭的旁邊，王維打坐安禪，欲制服潭內的毒龍。

老師似不經意地講畢之後，離席下課。我頗爲質疑，王維能打坐安禪，制服潭內的毒龍嗎？真的水潭有龍嗎？如此，則王維豈不是大法師？故立即上頂樓的圖書館，找出《王右丞集》，看了對毒龍作的注解，乃以之比心的惡念，「安禪制毒龍」，即以調心。但致疑於什麼是「禪」？禪簡單地解爲「靜慮」，但何以稱禪師、禪示等等？經過一番久久的追尋，草成《禪宗對王維詩風的影響》，發表於中央日報副刊，這不成熟的短篇，其後有多家轉載，也是大約七年後確定博士論文主題的最早起回。

其後巴師壺天，由南洋講學歸來，寓住緊鄰師大的浦城街，我如何得謁見，已經失「憶」；我確定論文題目之後，老師恰於此年講「禪學研究」於台灣大學哲學系，我欣欣然爲旁聽生，巴老師曾記此大略於我的論文上云：

往歲余濫竽台灣大學講席，授「禪學研究」，時松柏方肄業師範大學國文研究所，擬撰博士論文，題為「禪學與唐宋詩學」，輒來旁聽一年，以為頗有心得。然禪須自悟，余雖說而實未嘗說，松柏雖聞而未嘗聞也。今松柏已榮獲國家文學博士，以教育部所聘博士學位評定會委員七人，余亦其一也。……（見黎明文化事業公司《禪宗與唐宋詩學》民國六十七年再版。新文豐出版公司，同書民國九十七年二月臺一版）

老師有西洋哲學的學養，精於古典詩詞，抗戰時任湖南省政府秘書長，駐南嶽時，與禪宗法匠往返，而極心力於禪公案的研究，分析原尾而顯示精髓；尤詳於禪宗的開悟研究，實是我能完成此論文的最大助力，非「聞而未嘗聞」，乃聞而注於心而起了若干慧識。最令我不能忘的，我恭呈論文，乞其指正，老師盡二晝夜，糾改錯別字，並表嘉許道：

我寫不成這樣一本書，不是智能不足，而是年老，精神、體力等之不濟。

有此內因外緣，兌現了開路獨行的自信，而能完成此前無此類研究的論文。更於「思」之外，有了「悟」的重要體會，簡而言之，悟才能一超直入，開路獨行。

（六）二年期的資料廣收

有理有證是治學的基本原則，理強證強，使判斷正確，使思考的結果，基於證強理強，無可疑、無可議，突破前賢往哲，別開生面的開路獨行，方能爲學界所接受。而堅強可信的證據，有賴資料的廣汎搜羅，而作理證的選擇，收資料已到了「上窮碧落下黃泉」的地步，如王國維的二重證據說。以禪學而言，我認定要入乎禪宗發展的史料，公案、語錄，尤其是開悟的過程與結果而表顯悟境的禪事、禪詩等等，所以深入大藏經的禪宗典籍之中，而又特別注重唐宋二代；詩與禪如何互涉？如何相互影響？以至詩中寓禪、禪能入詩等方面。故而看遍唐宋二代詩人的詩集，以得資料；詩學必涉及詩的作品，尤其是論詩之作，如司空圖的《詩品》等；而最複雜的是詩話，不但要淘沙揀金，諸多的詩話，又「沈埋」於叢書之中，我發現了前人未曾提及的，有二十種左右。在二年之間，由師大、台大等圖書館、中央圖書館、中央研究院圖書館、以及故宮博物院的藏書，抄錄的卡片，數已逾萬張，有書可購、可影印的尚不在內。帶著卡片，騎著機車，靜坐於上述等館內典藏圖書之中，以盡資料廣收之力。當與張夢機、張仁青作三人行。張仁青是駢文大家成惕軒老師的入室弟子，所撰林老師六十六大壽的駢文壽序，傳說林師朝夕間，有意無意而嘖嘖欣賞；所撰的應用文一書，行銷以萬冊計；眾所不知的，他亦係因太平艦被擊沉，而從軍的人，升為兵王的士官長而退役，所以被張夢機和我稱為士官長之英文的諧音「騷雞」；他騎機車，張夢機跨坐於後，夢機常取笑其細小的身材，與他魁梧的體形不成比例，二人同乘，宛如一粒大芝麻，貼在燒餅上。仁青又講述他與魯老師間的趣談，魯老師道：

你我都「貌寢」，我雖醜，但有英氣，而你則是完全的醜了。

三人哈哈大笑，但資料收集方面，完全不同。約近二年在圖書館的書堆埋首。

（七）論文撰寫時的困思

資料廣收之後，則係選取、考證、歸納、運用等問題，如成百衲衣，處處是選用的片片資料，完成之後，才是一件完整的衣服。我選取了資料，形成證據，而作成論文綱要。

第一章爲「禪學之興盛及其特性」，再分各節，由禪宗之建立及宏傳，而注重六祖及五宗之禪學，進及兩宋的禪學發展；再泛論禪的根本思想，及何以大異於佛教，而自稱「宗門」，別稱佛教爲「教下」；再及禪的特殊性及產生的廣大影響。第二章爲「唐宋詩學述要」，由唐詩興盛之原因切入，再論唐詩之特性及地位；由唐宋二代的詩作比較，以見宋詩的特性及地位；再及唐宋詩學的形成及影響等。第三章爲「以詩寓禪」，首先析述禪與詩的融合而及何以能融合？由禪宗人物的詩中，選了「示法詩」、「開悟詩」、「頌古詩」、「禪機詩」四大類，諸多的佳章妙作，前人多所忽略，沉落在禪宗的典籍中，實是詩的大「園林」之一。第四章爲「以禪入詩」，乃唐宋二代的詩，有「禪趣詩」四大類。第五章爲

「禪學詩學之合流」，由禪理與詩理的相互融通關係入手，以見「禪是詩家切玉刀」的影響之大；禪人參禪求悟，詩人效之而參詩而以之作詩；又論禪宗的語錄公案，對詩話的影響；而追溯到禪學宗派與詩學宗派，以考知道江西詩派的發生原因等等。第六章爲「結論」，司空圖、嚴羽等，是以禪論詩的代表，均影響廣大；其以禪論詩的要義爲何？再由禪學論詩之創作，由禪學論詩之批評。全篇扣緊了禪、詩、禪學與詩學，而以唐宋二代爲主幹。

大綱呈高老師的審閱，未作任何的修改指示，而笑吟吟地道：

看來，你的論文我不必耽心了。

理證等資料在前，全文的綱領在握，振筆直下，未超過十個月，而論文完成：但困思焦慮的大問題產生了，是傳統詩文創作、批評、欣賞等，如眾所熟知的性靈、格律之爭等，以至對任何一位詩人，任何一首詩作，均有不同的批評和相異的見解，幾乎相互矛盾；雖有調和之論，難見解紛息爭的至當之言。面對這一大矛盾、大難題，資料理證等在前，對之思索求解，全如「蚊子上鐵牛，無下嘴處」；某次連續了數晚，約由中宵十點鐘起的枯坐尋思，至天亮陽光閃耀，人聲車聲等互起，而思之思之，鬼神未能通之。因為諸多的論詩名家、名言，如不可取、不可信，則無明徹的詩論和創造，批評的當理準則了；但何以是非錯出，在是非錯出之中，是否可通？及語異而心同，理異而有互不違戾者在呢？反覆尋思，如小舟飄流於滄海汪洋之中，如何求得正本清源，體用一如、由體起用，由用顯體的解決玄妙？

困苦之時，偶翻石頭希遷的《參同契》云：

當明中有暗，勿以暗相遇；當暗中有明，勿以明相覩；明暗各相對，比與前後步。

「明相」是有事可見的方方面面；「暗相」則是不能顯見的諸多因素，合此「明」「暗」的二方面，才是事物產生、變化以及結果、影響等的全面。於是成立了文論詩論上的明暗交參之論：如主性靈的，並非完全不顧成詩時的格律，只是以性靈爲重，袁枚之詩，不合平仄及押韻的規律嗎？篤守格律如翁方綱等，詩作沒有意境、韻味嗎？評論一首詩作時，有的讚美在合平仄和押韻的法律嚴密；有的著眼於意境高超；語句的洗盡凡俗；均可歸於「明面」、「暗面」，各有所主所見，相反而實相成。僅引楊慎論詩之言，以見一斑：

東坡先生曰：論畫以形似，見與兒童隣，作詩必此詩，定知非詩人。言畫貴神，詩貴韻也。然其言有偏，非至論也。晁以道和公詩云：畫寫物外形，要物形不改。詩傳畫外意，貴有畫中態。（《升庵詩話卷十三》）。

東坡重韻味，晁以道認爲不可漏失形態，前落暗面，後落明面，合此明暗二面，方無偏失，不是東坡之言非至論，而是著眼的重點不同。又如杜甫的作品在前，是爲「明面」，詩聖何以完成其創作，自係其才分、時代、學養等等之故；又任何一首詩，必有平仄韻律、句法語法的明白可見的一面，也定有韻味、意境、內涵等等的「暗中存在」，簡而言之，明暗交參的要旨如此，解決了我被困惑的疑難，張夢機形容此一立論道：

一詮明暗抉詩心。（見拙作《禪學與唐宋詩學》、《題辭》）

這一發現，成於容易實艱辛。（讀者如有興趣，請參閱拙著的結章。又新文豐將以此書，作成電子書）。解決了我所發現的疑難，既圓融而係詩的創作、欣賞等之本原，又爲前人之所未道，但隱伏了此理此意。自認全篇最具創意者在此。

也顯示了開路獨行的一些成就。

（八）學位口試的答問難

論文完成之後，送呈高老師作指正，在兩週後取回，實際上原稿已影印了一份，交由黎明文化事業公司編輯部副總編輯姜穆先生發稿付印。我取回高師的改正稿，實僅在文字語辭上作了枝節的修正，林老師於全文僅改了一箇字，似乎僅在表示「已看過了」，指導過了。並有了「小道消息」，高老師上課時已透露，我的論文通過口試，完全沒有問題，指導老師如護航驅逐艦，不但發揮了本本具的作用，又如裝上了揚聲器，廣播週知。

所謂論文口試，碩士學位通過時，委員三人，原則上包括論文指導老師在內，校內二人，校外一人；博士學位則委員七人，除指導教授外，約三分之二外聘；口試時，先有近乎「閉門會議」的程序，全體委員認爲可不可以口試，如果多數委員不認可，則不進行口試，退回修正或重寫；口試則採投票的方式，有的全票通過；也有被投反對票而通過的；反對票超過半數，則論文被否決，經修改後再行口試。所謂「國家博士」是在設博士班的校內口試通過後，再由教育部組成七人學位評定委員會，經通過後，方能獲得學位。七人之中，指導老師佔二位，沒有不爲所指導的論文作辯解的，而且有其情面或關係的影響，所以是二艘有力的「護航逐艦」，有決定性的作用。

我的論文口試，經過校內，教育部的二關，均獲全票通過。當面對七位學界有盛名的教授專家時，擔任主席的委員，高坐堂皇，其餘六位分坐兩側，考生面對主席，恰如口字相似，成爲被圍被審的一員。不免誠惶誠恐，他們指瑕抉誤，以至吹毛求疵，會問些什麼？先是就論文作口頭報告約十至二十分鐘，便面對可能係最嚴峻的口考挑戰。但口試進行之中，有的讚賞我論文資料收集的廣泛，極多不爲人知，而隱沒在佛書禪典及叢書之中；有的認爲組織嚴密，扣住主題，得其要旨，均未吹求論文的理論、證據的任何錯誤，有的認爲除文學博士外，應另授予禪學博士者；二次口試的全部過程，似可總結爲「讚譽有加」。但有委員天馬行空問到，印順的權威之作的《中國禪宗史》，主題何在？何以未及五宗二派？這不是找渣嗎？我幾乎衝口而出：

我不是作者，應去問印順大師呀！

但忍住，暫作代言人而答道：

因為胡適博士的《胡適禪學案》發現敦煌出土的禪學資料，大揚神會的禪學，認為《六祖壇經》乃出於神會，而傳衣以定禪宗宗主，為偽托。印順大師以「佛門護法」的立場，多方考證舉證，對外傳袈裟，以定宗旨，禪宗所有文獻，無反對傳衣之說者，他認為：衣不再傳了，以後傳授一卷《壇經》以定宗旨。《壇經》代替了信袈裟，負起「得有稟承」，「定其宗旨」的作用。確定了六祖和《壇經》的地位，不可動搖，神會的貢獻，也未抹煞。

我這一針對性的回答：

對照印順的著作，理證俱在，故未再加質問。

我又針對第二問代答道：

印順是法師，而非禪師，禪宗的「直指人心，見性成佛」，諸多的方法，表現和包涵在公案、語錄之中，印順似有所不解，故難以闡明五宗二派的禪學，於是「淺嘗」而止，而且認為反駁胡適揚神會、貶慧能的大目標達到了，全書至此也打住了。

全體委員似乎滿意我的「代打」，但法師、禪師，有何最大的不同？引發了追問：我引用《從容錄》第七則的公案答道：

禪宗的藥山大師，已答應為大眾說法，他陞座之後，良久不語，便下座，歸方丈。藥山的默默不說，他的理由是「經有經師，論有論師，爭怪得老僧」；經師論師，意即解講經論的法師，而他是禪師，如果領悟了他的不說之意，便不是無語，而是其聲如雷了。

這一公案的解說、回答了問題，獲得了認同。但有委員追問道：

胡適博士，禪學上的成就如何？

我直率大膽回答道：

他是門外漢！

引起了大質疑，要求作進一步的解釋，我引用了日本學者鈴本大拙，在《敬答胡適博士》書中，依人的心智，分爲第一類能夠瞭解禪，另一類則根本不知禪爲何物。他進而批判道：

在我看來，代表第二類心智的胡適，對於禪的本身尚且沒有討論的資格，更不必說去討論它的諸般歷史背景了。

我更進一步舉證，胡博士將佛書有禪字樣的經論，便認爲與禪有關，公案語錄中不合乎邏輯的語句，便斥爲謬誤，故「門外漢」的帽子，沒有貶損他，是戴得上的。

如此答問，「輕舟已過萬重山」，順利通過了口試。恰如張夢機以《詞律探源》由鄭騫、高明先生指導，通過口試後的諧趣形容：

原以事非經過不知難，應改為事非經過不知易。非輕視口試諸大師，在專門的研究專擅專精上，經過四至八年的探究結果，確有如其所形容者。

學位通過了，我的築夢成功了，夢圓了！我呈論文于魯老師。要得，實現了你開路獨行的傲氣；有沒有多的論文，再送二本來，我要一本給徐復觀，一本給張齡。

張先生是湘人，魯師的好友兼聯家，回了我二章七律詩，有句云：「肄雅出藍薪不盡，解頤彈指道俱南」，顯出了我與魯師的師生關係。

什麼是禪？如何入詩？什麼是悟？如何是悟？如何參禪求悟？如何將禪的悟，表現於詩中？將禪的理論，引而論詩；禪在我國的思想、學術、藝術意境等等的影響如何？似乎可解可知，但實多難解難知；我的論文所及，自認解決了很多的疑難，其後更有頗多的著述，乃根源於此。

十、學位獲得後的餘響

博士學位銜得之後，流亡的驚險，苦難的流浪，均已如逝水的流去，任何「剩語」似爲蛇足，而實不然，仍似有繞樑餘音，裊裊不絕。

純以禪而言，元明之後，彩散聲銷，禪宗的宗教傳承，仍相繼不絕，但已極爲平淡，而「宗門」「教下」二者已相混合。禪失去了強大的聲勢和影響力，現在世俗之中，僅有「口頭禪」、「野孤禪」、「當頭棒喝」之類的名詞，而又精義已失。我的論文也只是文句上宗教哲學的研究而已，但是引發了多方面的影響，如前文所道及的哈特門，抱著我出版的論文，自美至台來訪，又撰成英文評介；日本「人文研究所」禪學研究負責人的柳田教授，三次相告，欲將此論文譯成日文，納入禪學叢書之中，可以視爲禪的餘響仍在，薪未盡而火亦未盡，將來寒花吐豔，產生如唐宋二代的影響，可以寄與殷切的期望。復有與博士相關的風波湧起，與個人相關者，則係來自對岸的統戰，均大有可道者在。

（一）國家博士能算什麼

博士係我國已往的學制及官職，已耳熟能詳，先有秦代設置的博士官，參與朝廷的議政，其要求是「掌通古今」，俸祿六百石，又多至數十人；漢武帝設置五經博士，由晉至唐宋，有國子博士、太學博士，推而及於律學、曆算，已是與學問相關的學官和專家；而且有弟子員，於學術有專精專通，並有教授性的職責；其後更有通醫術的醫博士，量酒的酒博士，工匠等等的博士，大概同於現代能制假牙的博士，而有專門技藝的意義。

總之，博士係通古今，學有專精的尊稱，雖與今之博士學位，分別授予文學、醫、理、工、農、法、政治、經濟、商學等的學位，大有不同，但均指學界的「通人」，則無甚差異。依循名求實而言，誰能在文學、醫學等學術領域，通古今、識精微，而且無不知曉呢？故謂博士，多人指出應改稱專士，似能明白博士學位的實際定位。但是此一學位名銜授與最多的，應數美國，其醫、理、工等科，授與的多是哲學博士，更有貢獻最大，聲譽崇隆而授予的「名譽博士」，博士究竟是何名實？便大有可議。國內而起爭議的，便是國家博士學位。

教育部停考博士學位之後，博士學位全面改由各學校評定，故而有「學校博士」、「國家博士」之分。這政策上何以改變？是政府的財力不足嗎？抑係此一制度將限制博士量的成長？不知其時教育部是否有何以改變的說明。但我當時以專家的身份，參與最後一位國家文學博士的評定時，多認為其論文程度不太夠，承辦人說明，這是部審評的最後一位，可否稍作放寬？因為教育部如不通過，而學校已過，但學校當時又未有此審定的權柄時，可能產生棘手而難以解決的再審問題。但同一冊論文，有二次審評的必要嗎？固然能見其慎重，其實由學界的情況而論，在同樣一本論文的專業上，能找出學校和教育部不同的十四位專家而進行審評嗎？

就國家博士證書的形式而言，封面堂皇，有燙金的「博士學位證書」字樣，我的證書是博字第一七七號，內文由毛筆恭繕寫，大異於學校證書一例的印刷體，天地欄似係孔子問禮圖，由其時的教育部長蔣彥士簽署用印頒發。論文的水準如何？是此形式上能顯示的嗎？

有了國家博士、學校博士之分後，可能未及時獲得國家博士而僅由師大審評授予學位的龔君鵬程，作了「不平之鳴」，就國家文學博士一百五十三篇的部審論文中，選樣若干篇，抑多揚少，大肆「月旦」，造成了學界和輿論一時的轟動，形成了他的增價而成名。其實國家博士與學校博士水準的高下，根本不在此名銜不同上。故可以問：

國家博士能算什麼？

同理可以問：

學校博士又能算什麼？

但是一最底的底線，二者均有做學術研究的能力，能經由思考而能作正確判斷者，其表現在學位論文上甚有條理。魯師以明德中學辭退的初中學歷，能指導博士論文，能審評國家文學博士學位，可見學術研究在成就方面，不在頭銜上。博士應只是求學歷程中的高學歷證明。

（二）博士學位的宏微觀

上述的析說，自謂合理，但不足以息爭服眾，關鍵的所在，有宏觀、微觀的不同，例如日本，多的是「博士修了」，博士研究生並未能畢業時均獲得博士學位，僅有極少數的學校例外。在多年教學、研究等等之後，成就斐然，才授予博士學位，而審評的，頗多已係其門生舊友了。博士學位顯然概括其後的成就與聲譽。既然聲譽崇隆，還須要博士學位以爭光彩嗎？又以榮譽博士而論，有何學術研究的能力與表現，只是因其有不同行業的名譽、成就等因素而評定贈授，博士已成爲一種「光環」，有的可以全然與學術無關，故而王永慶等聞人，可以獲榮譽博士，比爾蓋茲可能不屑於獲博士。這一名銜與實際上的辨別，能不注意嗎？

就博士審評的實際言，基本原則如不涉及精深的理論，不產生有體有用的效應，而僅有一技的實際，便不能得博士學位，因爲只「一技」耳。故量酒的酒博士，供茶的茶博士，不是博士，推此而至做假牙、編字書、閹雞豬、養魚蝦等等；可是時移勢變，做假牙、編字書的，亦可成博士了；如果能有《經傳釋詞》、《大不列顛百科全書》的撰作者的傑出成就，似亦無不可。

在時間、空間促成的世變之下，知識是罪、惡，對岸「文化大革命」的先後，博、碩、學士頭銜全被取消，傳統所謂「儒」，在娼之下、丐之上；其恢復博、碩士等學制，較之我方，遲了近二十年，現在博士等成了學生、學人必爭的名銜，也有博士後研究；博士產生最多的，是編字、辭書的一大類，其他各類亦正在多方發展之中。而且由博士名同質異的微觀中，一國之內，同校之中，有質的優劣的最大差別，難以細分，只有以不齊爲齊，統稱博士了。又就不擇手段，以得博士學位而言，有公然的「外抄襲」，抄襲異國而國內陌生的學術著作，以攻取學位；有暗中的「內抄襲」，偷取「陳篇」，改頭換面，或論題已到枯窮之境，而陳陳相因，故略變「面貌」，有以得逞，成了竊陳篇以盜竊的「偷書賊」，而成爲「博士之盜」，這類的變遷，到了非用「顯微鏡」、「透視器」以作檢察不可的程度，豈不是博士學位亦多變矣了嗎？

隨著時代的變化，交通資訊的進步，人類獨佔了地球，促使地球成爲「地球村」，使學術、宗教、科技等等，已國際化，博、碩士等學位，普見於各地，成爲各國學制中重要的一環，學術無國界，其研究內容亦無國界，故而博士頭銜，人盡皆知，人人看重，而兢兢爭求，以致任何一國所有的學術成就，隨其影響之所及，成爲世界性的顯學之後，全球的知識份子，人人可自由而無限制地進行研究，爭奇出新，多方演進，以得學位，任何國家不能壟斷。如中國的「名學」、印度的「理則學」、西方的「邏輯學」，任人研究，例如胡適，得了諸多學校授予的博士頭銜，而取得博士資格，傳說是在美國某校研究中國名學的某篇而獲得；研究韓愈的，可以是美國人，探求杜甫詩的，可以是日本人，注疏史記的瀧川龜太郎可以由《史記會注》而得文學博士，已非奇事奇聞。復以拙作《禪學與唐宋詩學》爲例，能出現在日本的店之中，及頗多有名大學圖書館典藏之內，鐵幕深垂時的吉林某出版，在《東方藝術》一書中，可以「割取」此文結章，而無法禁止。乃博士學位及研究結果的國際化使然。

學術研究有甚奇怪的現象，所開創的作品、理論、發明等，卻不足以得博碩士學位，如杜甫詩出現在今日的兩岸，得博碩士嗎？同理莎士比亞的劇作，產生在現代的英國，縱在劇場演出，也無得博士、碩士的可能；電子及電子計算機的發現及發明者，當時得了博碩士嗎？現在已成了學術研究的學門之後，產生了多少博、碩士？由此而論，博碩士學審評之後，其價值如何？豈不是大有可議嗎？

故個人衝拚而得博士學位之後，初則沾沾自喜；經此微現宏觀之後，僅能認定——只是表現了能治學、能有正確的思惟判斷及表達的語文能力而已；我的朋友慣稱我爲杜博士，與我的小外孫稱我爲「老頭」，有何差別？可以回答了那問題——博士呀！究竟能算是什麼？

雖不能放之世界而皆然，但應係合理的「定位」——博士只是證明已能「做學問的人」。

（三）得見父親時的統戰

我的得博士學位後，在家族和親情上產生了良性的極大影響。先是托日本學者加地伸行，他以中國名學研究獲博士學位，後爲名古屋大學的哲學系主任，他爲我組成了中國傳統詩的吟唱社團之後，由這社團出文函邀請父親至日本吟唱舊詩，而未獲准，他策動一位日本國會議員，面見其時對岸的駐日本公使，得了答覆：

依正常的情況，應能獲准，除非杜先生有了政治問題！

什麼政治問題？加地和我，難以明白，僅能猜測。其後方知，父親係以「國特罪」，判無期徒刑，接受「勞動改造」。我得學位之後，訊息穿透了「鐵幕」封鎖，在對岸產生了自由國家、法律制度之外，不能想像的影響，父親被改爲無罪釋放；到某電機廠爲看門工人；又以我能奉養爲由，廠方負責人爲空出此小小職位，安置他人，勸父親辭職還鄉；發還被他人佔居的祖屋一間，因破舊已不能居住，分配耕地約二畝；成爲不能自由的自由人。父親方結束了逃亡、流浪、被囚的歲月，但已齒落多枚，頭已半禿，所剩是斑白霜華，無任何的補償及道歉，而且多係鄧小平「改革開放」後的「恩澤」；已係對曾逃亡者的寬鬆矣。但父親書法和詩才，全已一去而不復返。人權、受辱等等，尤不能計較。

我經由「港九」陳耀南博士的多次轉寄信件，約略得知以上的情況；便苦思而得出父子在香港會面的「謀略」：由「中文大學」中文系主任常宗豪出函邀請父親來港，陳耀南作保證人，力保其仍回湖南，不會滯留香港；我則由台灣學人左松超博士，其時應聘為浸會學院中文系教授兼系主任，邀我作禪學演講，經此苦心孤詣的長久努力，在港九父子見面了，就在青山道上的青年會館，似乎回到原點，在苦難生離死別之地，又係闊別刼後重逢之所，有了意外似乎圓滿的結局。

會面後的種種故鄉事，家難情，不必贅述。父親拿出說是雞血石的印材及玉鐲，問我接不接受？顯然是「統戰」下的「禮物」，我拒絕了：

無功不受祿，我一無貢獻，而且兩岸仍是對立的狀況！

父親藉題發揮道：

你堂哥看了你的信件，說你是國民黨的死硬派，現在得到了證明，兒子！

你清醒一點吧！

這是親情的話語？抑是「統戰」方面的分化？但不能在父親積威之下作質疑和對抗。乃問道：

爸爸！我仍在大陸，今天是何身份？是何生活狀況？讓你老作比較吧！

你是黑五類，讀書只能到高中，就業後仍是成分不良的工人。

父親不能隱瞞這鐵樣的事實，我緊接道：

父親離棄我，任我在此地流浪求生，捱餓受苦受難。……

老人家急忙分辨道：

我想回廣州籌措你的生活和教育費。其實也走投無路，更想投水自殺。……到了台灣，我有親人，有家族的支援嗎？可是得了博士，成為教授，而不是黑五類的工人！

我幾乎落淚，想到了其時老師對我得學位時的祝福與評論，而回應道：

爸爸，我得博士時，一位恩師當時祝賀說，依你的出身，只能當工人流氓，卻成博士。我亦沾沾自喜，現在才知道，多半是有自由上進的奮鬥機會和環境之故！

與對方作比較，父親只能點頭承認：

爸爸！我只有初一的學歷，現在有了高中和大學應有的學位證書，我有任何特權嗎？全靠一枝筆而考出來的，雖有許多的恩人、貴人相助，但政府的法規和制度，給我以機會，此機會人人都有，故我要加以維護，兒子是國民黨的死硬派嗎？

父親黯然神傷，

兒子，你努力吧！我可以作被項羽要烹的「太公」！

我只有苦笑地回應！

我作不成劉邦，爸爸會不會被烹，卻掌握那些人的手裡。能放您老人家出來，以後也不會了吧！

似乎我是「統戰」的勝利者，勝了又如何？連慘勝也不能道出這流亡、流浪的辛酸，而且更是千千萬萬人的傷痕和記憶。

父親逝世之際，乃郝柏村入閣掌政之時，我在兩岸開放之下，能回故鄉奔喪治喪，諸多的悲情、滄桑、統戰等等，難以細述，也不忍作無味的傷痛鋪陳。但回鄉途中有句道：

渾同遼鶴嶽雲回，全失當年舊院臺。
徑路俱非林木盡，水雲仍是稻梁栽。
鄉音久變蒼鬚繞，服物多殊里族猜。
未悉前村何處是，中庭遙痛素幡開。

人物全非，我因得聞父喪訃音時起，便蓄留了鬚髮；黑白相雜，黑而雜白，鄉音也大有改變，故云：「鄉音久變蒼鬚繞」。舊宅及人事的變異如何呢？

重經老屋怯登堂，換世歸人悲舊創。
棟折知無堂燕迹，雲飛見暗水塘光。（水已污染、水域已大縮小）
兒時兄妹成翁媪，刼後親朋半土崗。
最是椿萱霜露隕，全非景物摧心腸。

杜家灣還在，而人與物全非，綽號「和尚」等兒時玩伴，已上了土崗，成了一抔之土。

回家治父喪，遇到我經歷中未有的奇情怪事，最多的是謠言浮誇，說我攜回美金以萬計，我的得博士，成了國防部部長，因而表白道：

中歲幸成「博議」書，非同裘馬賦歸歟。
多金竟興雄資詠，高仕紛言美宦除。
一襲輕衫慚絳帳，半瓢素食樂青蔬。
扶桑美國曾遊學，碌碌無奇正是余。

無異是由流亡流浪至闖博士的簡單表白。惜未能攜回「博議書」的博士論文；也僅是一「教書匠」，慚愧於馬融的設「絳帳」，前有門生，後有女樂的場面。

追憶至此，惟感餘生無多而大風暴雖已平靜，但未全息。不會風暴再起吧？我的近「望八」高齡，已不能再流亡、再流浪矣！全中國人，也不能容忍風暴再起，災難復生矣；就禪而言，應有此大覺悟、大智慧，我們已大死一回，仍不能死後回生，得正覺大悟嗎？更願以此文，作喚醒及警惕的努力；觸及舊傷痕，常在提筆時淚流滿面。百年誕生的中華，在百年的大風暴中，多少人頭落地？多少家庭破碎！如果說我因此流亡流浪才有得博士的機會，我心痛有此機會，寧願卷縮在杜家灣，縱然蔬菜清粥但陪伴家人，平安而幸福地捧碗縮頸而啜之，樂即在其中。回顧在流亡、流浪之中，多少人喪生失命、屍骨無存；多少人流離失所，老於飄泊，養在滎家的伙伴，已是幸運的，而不苦於孤苦嗎？得了博士沒有？我幸而闖得了，承了多少的恩情？有了多少的幸運呢？又茹吞了多少的辛酸！

現在多少「幸運兒」，安坐書城之中，品嚐美食，暢飲咖啡酒茶等，快樂而又安穩，循序漸近而成博士；均是人也，爲何我等獨苦？能不怏怏於這場大風暴，以及造災釀難的人嗎？那些「獨夫」、「屠父」、「瘟神」，能消我等之怒及恨嗎？

得博士後有諸多的溫馨回憶和繽紛彩色，常年師大的畢業典禮，得博士學位僅我一人，成爲畢業生的代表之一，校方借給大紅禮服一襲，我攜至侯伯父家試裝，禮帽被他愛孫搶戴，笑成一團，侯伯母眼角噙著淚水；恩師李宏基先生被指我的學位論文說：「有大家氣象」，順便道：「大家不能只有一部著作」；當年「幹校」同窗，不因我僅九年的軍中情誼而淡忘，有文會喜慶必然相邀；八吋砲營的生死伙伴，更未相忘，常杯酒談當年砲戰往事；我未停下手中筆，有頗可敝帚自誇的論文和學術撰作。謹以最具代表性的圖片，作爲呈現，多的是感謝、和永記的情誼。以圖留住不能留住的東西。但回憶形於筆墨，恰似春泥鴻爪之外，不能留住獲得的物體。我最後以開路獨行，我說的是胸中流出的體會。作有志成博士者的參考。

我與現在得博士者大不同之處，他們能依循學制作安排，如階梯一級又一級上昇。我則無此可能，無理念的引導，是孤兒，是失學的流亡流浪，在生死和生活飄泊中掙扎，是猛闖拼撞而得。何其不幸，又何等的有幸，闖之一字，才能傳神。

圖二十八：發表學術論文於師大

圖二十九：在佛光山宣讀論文

圖三十：佛光山訪談

圖三十一：在日本京都大學「訪書」

圖三十二：在韓國退溪學會發表論文

圖三十三：出席七七年韓國「奧運」開幕

圖三十四：訪謁前國防長俞大維
兼黎明文化公司總編輯，專訪國防部長俞大維，
左為董事長張明弘

圖三十五：兼職孔孟學會。任暑期國學研會執行秘書，
介紹學員見陳立夫先生

圖三十六：與陳師立夫等評「台灣周氏獎學金」

圖三十七：赴美前幹校同學歡聚

圖三十八：在南京師大講學

圖三十九：美國哈崗住宅

圖四十：在川大講學

圖四十一：與八二三砲戰老友重聚

圖四十二：以幹校校友為主之書畫交流，圖中將軍八人

圖四十三：此二書台灣出版後再行於對岸，均逾二萬冊

圖四十四：蔣總統巡視陣地

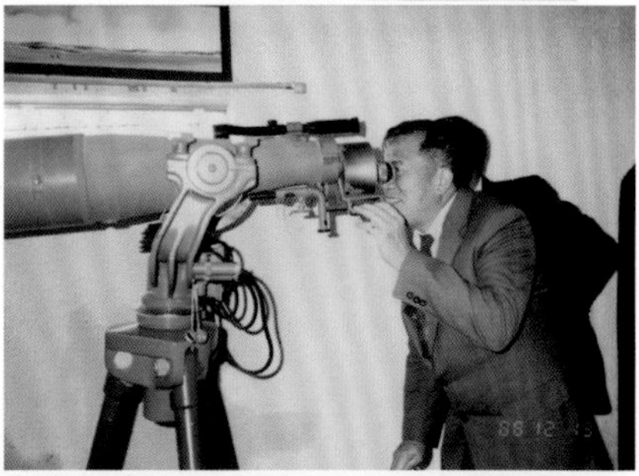

圖四十五：重回金門眺望對岸

圖四十六：美軍的 M55 八吋自走砲原貌，六門自走砲自硫球運來支援 823 炮戰，後來又要回去了。↓